鬼谷子箴言录

GUIGUZI ZHENYANLU

胡为兵◎著

中国言实出版社

图书在版编目（CIP）数据

鬼谷子箴言录 / 胡为兵著.——
北京：中国言实出版社，2013.1
　　ISBN 978-7-5171-0047-8

　　Ⅰ.①鬼… Ⅱ.①胡… Ⅲ.①纵横家　②《鬼谷子》—通俗读物
Ⅳ.①B228-49

中国版本图书馆CIP数据核字（2012）第310583号

责任编辑：郭江妮

出版发行　**中国言实出版社**
　　　　　地　址：北京市朝阳区北苑路180号加利大厦5号楼105室
　　　　　邮　编：100101
　　　　　电　话：64966714（发行部）　　51147960（邮　购）
　　　　　　　　　64928661（总编室）　　52666122（三编部）
　　　　　网　址：www.zgyscbs.cn
　　　　　E-mail：zgyscbs@263.net
经　销　新华书店
印　刷　北京紫瑞利印刷有限公司
版　次　2013年1月第1版　　2013年1月第1次印刷
规　格　710毫米×1000毫米　　1/16　　17印张
字　数　260千字
定　价　34.00元　　ISBN 978-7-5171-0047-8

序 言

一句箴言，一生受益

作为中国历史上颇具传奇色彩的鬼谷子，作为著名的纵横家，鬼谷子的才能在军事、外交上发挥得游刃有余、淋漓尽致。

他善于从实际出发，细致观察，从而创立了属于自己的一套学说，这其中的捭阖之道，反应之道，揣摩之道……都是人的智慧大成。

本书结合当下实际，阐发鬼谷子学说，让读者对鬼谷子的学说能了解得更加透彻，也能帮助读者，特别职场中人更好地运用鬼谷子的各种权谋计策。

读了本书，你会知道在和人的交往中察言观色，知道如何说话，从和别人的交谈中了解对方的想法。

读了本书，你会清楚在做事情的时候应先把握事情发展的规律，对全局有一个把握，然后再从细节处着手，一步一步把事情做好。

读了本书，你能学会"藏器于身"，让竞争对手摸不透你，在适当的时候一鸣惊人，实现自己的目标。

……

社会的发展日新月异，我们每天都要和各种各样的人打交道，现实生活中有来自柴米油盐的压力，而公司中人尤其还得应对来自各方面的竞争；可以想象，我们每天需要面对形形色色的挑战。那么，怎样才能在公司中立足，怎样才能把事情做得有理有条，怎样才能在的竞争中取胜……这些都是我们非常关心的问题。那么，本书可以为你提供借鉴。

目录

卷一 鬼谷箴言，捭阖之道

揣摩鬼谷子，就从开篇起。"捭阖"作为鬼谷子的开篇，捭阖是什么？捭之者，开也、言也、阳也；阖之者，闭也、默也、阴也。捭：开的意思，敞开心怀积极行动，采取攻势，或接受外部事物及他人的主张和建议。阖，闭的意思，关闭心扉，把进来的事物化为自己的事物，或不让外来事物进入，取封闭形态。捭阖之道是一种处世智慧，一门推敲技巧，揣摩人的心理活动。古人云，上知天文，下晓地理，中应人事，一切都是为了中应人事，为人所用，而鬼谷子更是从人性入手，对做人这门艺术发挥到极致。

鬼谷子箴言录

卷二　鬼谷箴言，反应之道

　　本卷作为第二卷，鬼谷子在卷中重点向人们阐述了反应之道，而且一再重申个人的言辞在博弈之中的重要地位。鬼谷子指出，不管是辩论还是游说，都要遵循"重之、袭之、反之、复之"，这样才能在博弈中抓住对方的弱点，从而占领博弈的制高点。而这其中，关键在于了解并把握好"反"的诀窍。在这个基础上，再使用"钓言之道"，明白对方的真正意图，从而让自己取得最终的成功。

卷三　鬼谷箴言，内楗之道

　　本卷是讲述如何处理人际关系的内楗之道。鬼谷子说，凡事皆有内楗，这个内楗是"素结本始"的。鬼谷子把内楗比喻为"结"，就像一条绳索打了个结一样。本卷刚开始就给读者指出，上下级之间的关系是非常微妙的，表面上很亲近的，内心实际上却很疏远；而那些表面上很疏远的，内心其实却非常亲近。本卷要求人们使用"内楗"之法，恰当处理上下级关系。

卷四　鬼谷箴言，抵巇之道

在这一卷中，鬼谷子主要讲了怎样消除人与人之间隔阂的方法。巇，本以为缝隙，但往更深一层延伸的话，就是潜在中的矛盾，或者是你容易忽视的问题。在本卷中，鬼谷子这样说，"物有自然，事有合离"，在事"合离"的过程中，肯定会出现这样那样的巇。预测巇的发展，及时消除它带来的影响，这就是抵巇。

卷五　鬼谷箴言，飞钳之道

在本卷中，鬼谷子讲述了如何让别人信服的

"飞钳术"。所谓飞是褒扬激励，钳是挟制。飞钳就是以激励、褒扬的言语引诱对方，得到实情从而抓住对方的心理。掌握对方的心理后，方可动之以情，晓之以理，以达到钳制的目的。从古到今，任何一个成功者的背后，都有一批人才在为他出谋划策。那么如何选择人才，就是成功的重中之重。而选用人才的关键，就在于能够准确地判断出一个人的能力，而且能够因材施教，使其发挥最大的作用。

卷六　鬼谷箴言，忤合之道

本卷讲述鬼谷子的忤合之道，忤合：忤，抵触、背逆。《庄子·刻意》："无所于忤，虚之至之。"合，符合，不违背。忤合的实质其实就是告诫我们在说话和做事的时候一定要看清形势，不能单凭暂时的利益而盲目做决定。鬼谷子的观点中有云"事无常贵，事无常师"，万物都处在变化之中，需要我们用自己的眼光来判断事物的发展，进而做出自己的决定。这样我们才能进退自如，把握主动权。

卷七　鬼谷箴言，揣情之道

本卷讲鬼谷子"揣术"，"揣"就是揣度的意思，鬼谷子的"揣术"归根结底，就是揣度人情，权衡某一件事情的得失，从而发现其中隐藏的真相。运用在现代生活中，就是告诫我们在和竞争对手博弈时，一定要先揣度对方的心理，挖掘出对方内心的东西；只有这样，才能为我们下一步要采取的措施做好准备。

卷八　鬼谷箴言，摩意之道

本卷讲的是"摩术"，上一卷讲到了揣度人心，而本篇就是在上一卷的基础上，为读者具体提出了怎样去"摩"。我们通过"揣术"了解了对手的真实意图之后，就可以选择下一步用什么方法来和对手博弈，这就是我们所说的"摩术"。擅长摩术的人，必须拥有非常高的逻辑思维能力，能够寻得事物发展的规律，勤于细节，懂得大智若愚的好处。

卷九　鬼谷箴言，参权之道

鬼谷子精通游说，是先秦纵横家的开山鼻祖。"权"是度量权衡的意思。在本卷中，鬼谷子就教我们如何度量权衡别人。和别人交谈，通过对方的谈话可以权衡出对方的实力，也能权衡出对方的性格特点。而这就是我们接下来想占领主动权必须要掌握的东西。这需要我们不但能随机应变，还需要我们有良好的语言沟通能力。

卷十　鬼谷箴言，谋略之道

本卷和上卷是姊妹篇。权是度量权衡的意思；谋是谋略计谋的意思。在上卷中，我们知道了如何度量权衡对手，在这卷中，我们就会明白针对对手我们该如何使用自己的谋略，通过任何可以运用的方法，达到最终的目的。鬼谷子指出了谋术的两个原则，一个是要立足实际，第二个是要藏器于身，行事隐蔽。

卷一 鬼谷箴言，捭阖之道

揣摩鬼谷子，就从开篇起。"捭阖"作为鬼谷子的开篇，捭阖是什么？捭之者，开也、言也、阳也；阖之者，闭也、默也、阴也。捭：开的意思，敞开心怀积极行动，采取攻势，或接受外部事物及他人的主张和建议。阖，闭的意思，关闭心扉，把进来的事物化为自己的事物，或不让外来事物进入，取封闭形态。捭阖之道是一种处世智慧，一门推敲技巧，揣摩人的心理活动。古人云，上知天文，下晓地理，中应人事，一切都是为了中应人事，为人所用，而鬼谷子更是从人性入手，对做人这门艺术发挥到极致。

望风而动，顺风而行

【古语阐"道"】

粤若稽古，圣人之在天地间也，为众生之先。观阴阳之开阖以名命物，知存亡之门户。筹策万类之终始，达人心之理，见变化之朕焉，而守司其门户。故圣人之在天下也，自古及今，其道一也。

【今言说"道"】

纵观古今历史，可知圣人生活在世界上，就是要成为众人的先导。通过观察阴阳两类现象的变化来对事物作出判断，并进一步了解事物生存和死亡的途径。计算和预测事物的发生发展过程，通晓人们思想变化的关键，揭示事物变化的征兆，从而把握事物发展变化的关键。所以，圣人在世界上的作用始终是一样的。

【案例延伸】

每个人的成功都取决于某个关键时刻，这个时刻一旦犹豫不决或退缩不前，机遇就会失之交臂，再也不会重新出现。

市场的脉搏，是精明商人非常注意并善于把握的一个关键点。应该讲，最成功的商战都是紧跟市场而进行的一场智慧之战。

李嘉诚的发迹，是靠地产和股市，他的事业壮大，是一部中小地产商借助股市杠杆急剧扩张的历史。

他的生意原则是赌并不是无目的的赌博，而是把握市场脉搏来一个："审时度势"。

"人弃我取，低进高出"是李嘉诚搏击股市的基本原则，他在这方面的实战案例不胜枚举。

天水围之役，是一次典型的"人弃我取，低进高出"战术运用实例。当时，由于港府的"惩罚性"决议，使天水围开发计划濒临流产，众股东纷纷萌发了退出之意。

早就看好天水围发展前景的李嘉诚，从其他股东手中折价购入股权。于是，便催生了嘉湖山庄大型屋村的宏伟规划，长实成了两大股东中最大的赢家。

大型屋村的优点是综合能力强，集居住、购物、餐饮、消遣、医疗、保健、教育、交通为一体，便于集中管理，统一规划。屋村之外，还有相配套的工业大厦及社区服务物业。李嘉诚以开发大型屋村而蜚声港九。20世纪80年代，李嘉诚先后完成或进行开发的大型屋村有：黄埔花园、海怡半岛、丽港城、嘉湖山庄。李嘉诚由此赢得"屋村大王"的称号。

这里显示了李嘉诚避实就虚、人无我有的战略思想。李嘉诚由此成为独树一帜的地产大王。在香港，屋村与李嘉诚之间画上了一个等号。

1978年，港府开始推行"居者有其屋"计划，采取半官方的房委会与私营房地产商建房两条腿走路的方针。

建成的房分公共住宅楼宇与商业住宅楼宇两种：前者为公建，后者为私建；公房廉价出租或售予低收入者，私房的对象以中高消费家庭为主。李嘉诚的大型屋村计划，就是为这类大众消费家庭推出的。

在港岛北岸的中区、东区、西区，每年都有高层住宅楼宇拔地而起，那是祖传地盘物业的业主和地产商收购旧楼拆除重建的，地盘七零八落，很难形成屋村的规模。

兴建大型屋村不难，难就难在获得整幅的大面积地皮。李嘉诚有足够的耐心，但他绝不会只坐等机会；他在筹划未来的兴业大计之时，仍保持长实的良好发展势头。

1979年3月，李嘉诚与会德丰洋行大班约翰·马登合作发展会德丰大厦。4月，与"地主"广生行联手发展告士打道、杜老志道、谢斐道的三面单边物业，建成一座30万平方英尺的商业大厦。

6月，与约翰·马登再次合作组建美地有限公司，集资购入港岛、九龙、新界楼宇物业近20座。7月，与中资侨光置业公司合组宜宾地产有限公司，以3.8亿港元投得沙田广九铁路维修站上盖平台发展权，平台面积29万平方英尺，计划兴建30层高的高级住宅大厦和商业大厦。

同年，长实与美资凯沙、中资侨光三方合作投资香港（中国）水泥厂（长实、凯沙各40%股权，侨光占20%）。投资额（其中李嘉诚私人投资10亿港元）创香港开埠以来重工业投资最高纪录。该厂地皮面积180万平方英尺，位于新界屯门区，计划年产高杯亏水泥140万吨。该厂于1982年年底建成投产。

1980年，长实联营公司加拿大怡东财务与九龙仓、置地、中艺（香港）、怡南实业、新鸿基证券合组联营公司，以13.1亿港元价格投得尖沙咀西一幅7.1万平方英尺的综合商业大厦，建成的单位全部出售。

8月，李嘉诚与联邦地产的张玉良家族联手合作，斥资10亿港元购入国际大厦和联邦大厦，5个月后，以22.3亿港元出售，利润达100%以上。

有人问：长实兴建和购得的楼宇，为何大部分做出售用途，而少做出租用途？李嘉诚说："这并不违背我们增加经常性收入的原则，因为要决定将楼宇出售或收租，须看时势及环境而定，而现时楼宇价急升，售楼所能获得的利润远比租屋为多，在为股东争取最大利润的前提下，是将建成楼宇出售为合算。"

1980年11月，长实与港灯集团合组国际城市有限公司上市，共同开发港灯位于港岛的电厂零散旧址地盘。

20世纪70年代末至80年代初，李嘉诚在地产业的成绩不俗，令人刮目。几年之后，李嘉诚相继推出大型屋村计划，更是轰动一时，全港瞩目。

李嘉诚一面对屋村运筹帷幄，伺机而动；一面脚踏实地、埋头苦干。人要两条腿走路方踏实，做生意亦如此。

1981年元月，李嘉诚正式入主和记黄埔任董事局主席。

李嘉诚收购和黄的动机之一便是它的土地资源。先前，和黄洋行大班祁德尊，已开始在腾出的黄埔船坞旧址的地皮上发展地产，兴建黄埔新村。

祁德尊不谙地产之道，竟未能在这块风水宝地栽活摇钱树。祁德尊下台，韦理主政，仍未如愿把财政黑洞填满，售房不拣时机，便宜了炒家，坑苦了股东。这幅大型地皮未做满，使李嘉诚有施展的舞台。

李嘉诚酝酿大型屋村已有数年，他仍耐心等待。

1984年9月29日，中国总理与英国首相撒切尔夫人在京签订了《中英联合声明》。香港前景骤然明朗，恒生指数回升，地产开始转旺。

年底，和黄宣布投资40亿港元，在黄埔船坞旧址的地盘兴建包括商业中心的大型住宅区——黄埔花园屋村。

据传媒披露，李嘉诚1981年就已计划推出这一宏伟计划。时值地产高潮，按当时地价计，和黄需补地价28亿港元。

黄埔花园所用地盘是黄埔船坞旧址。按港府条例，工业用地改为住宅和商业办公楼用地须补地价。

李嘉诚认为补地价太过于昂贵，遂决定暂缓计划。

李嘉诚有意把与港府的谈判，拖延至1983年的地产低潮，结果，李嘉诚以3.9亿港元获得商业住宅开发权。

李嘉诚的审时度势，一下子节省补地价费用达24亿港元之多。

这样，李嘉诚大大降低了发展成本，屋村的每平方英尺地皮成本不及百元。

屋村计划尚未出台，李嘉诚已狠"赚"一笔，就此一点，已比祁德尊、韦理高出几筹，足见其"超人"之智。

　　整个黄埔花园，占地19公顷，拟建94幢住宅楼宇，楼面积约760万平方英尺，共11224个住宅单位，附有2900个停车位及170万平方英尺商厦。

　　地产低潮时补地价，地产转旺则大兴土木，地产高潮则出售楼宇，由此可见，李嘉诚是一个驾驭时势的优秀骑士。

　　如何灵活地运作自己的经商计划，当然离不开对商势的把握。商势之变，不可捉摸，常出人意料。

【鬼谷子的"诡"点子】

　　鬼谷子之所以被称为圣人，最主要的一点就是他"守司其门户"。就是要分析大的形势，认清时代发展，识时务。

理清脉络，适时而动

【古语阐"道"】

是故圣人一守司其门户，审察其所先后，度权量能，校其技巧短长。夫贤不肖、智愚、勇怯、仁义有差。乃可捭，乃可阖；乃可进，乃可退，乃可贱，乃可贵；无为以牧之。

【今言说"道"】

所以，圣人要始终把握事物发展变化的关键，度量对方的智谋，测量对方的能力，再比较技巧方面的长处和短处。至于贤良和不肖，智慧和愚蠢，勇敢和怯懦，仁与义都是有区别的，因此，可以开放，也可以封闭；可能进升，也可以后退；可以轻视，也可以敬重，要靠无为来掌握这些。

【案例延伸】

洞悉规律也就是大局在胸，大局在胸可眼观六路，伺机而动可一劳永逸。做生意得掌握这些关键点、大学问。晚清的局面是胡雪岩游走官商两界的一个社会平台，但仅有这一条那是远远不够的。胡雪岩能在这个时代中把握变幻莫测的时势大局，是他能够成为商界巨子的重要因素。

胡雪岩善于驾驭时局，首先体现在与洋人打交道这件事情上。随着交往的增多，他逐渐领悟到洋人也不过利之所趋，所以只可使由之，不可放纵之。最后发展到互惠互利，其间的过程都是一步一步变化的。但胡雪岩的确有一种天然的优势，就是对整个时事有先人一步的了解和把握，所以能先于别人筹划出应对措施。有了这一先机，胡雪岩就能开风气，占地利，享天时，逐一己之利。

当我们说胡雪岩对时事有一种特殊驾驭才能时，我们的意思是，因为胡雪岩占了先机，故能够先人一招，从容应对。一旦和纷乱时事中茫然无措的人们相比照，胡雪岩的优势便会显现出来。

清朝发展到道光、咸丰年间，旧的格局受到了冲击。洋人的坚船利炮让一个封闭的帝国突然大吃苦头，随之引发长达十几年的内乱。

这一突然的变故，在封建官僚阶层引起了分化。面对西方的冲击，官僚阶层起初均采取强硬措施，一致要求维护帝国之尊严。随后，由于与西方接触层次的不同，引起了看法上的分歧，有一部分人看到了西方在势力上的强大，主张对外一律以安抚为主。务使处处讨好，让洋人找不到生事的借口。这一想法固然可爱，但却可怜又可悲。因为欲加之罪，何患无辞，以为一味地安抚就可笼络洋人，这无非是一厢情愿而已。当然这些人用心良苦，不愿以鸡蛋碰石头，避免一般平民受大损伤。

另一部分人则坚持以理持家，主张对洋人采取强硬态度。认为一个国家断不可有退缩胆怯之心，免得洋人得寸进尺。这一派人以气节胜，但在实际事情上仍然难以行得通，因为中西实力差距太大，凡逢交战，吃亏的尽是老百姓。

还有另外一部分人，因为和洋人打交道多，逐渐与洋人合为一家，一方面借助洋人讨一己私利，另一方面借助洋人为中国做上一点好事。这一部分人就是早期的通事、买办商人以及与洋人交涉较多的沿海地区官僚。

对于洋人的不同看法，必然产生政治见解上的不同。与胡雪岩有关的在早期，何桂清、王有龄见解相近，都是利用洋人的态度，这与曾国藩等的反感态度，形成两派在许多问题上的摩擦。胡雪岩因为投身王有龄门下，自己也深知洋人之船坚炮利，所以一直是何、王立场的策划者、参与者，同时也是受惠者。

到了后来，曾国藩、左宗棠观点开始变化。特别是左宗棠由开始的不理解到理解和欣赏，进而积极地要开风气之先，胡雪岩之洋人观得以有了更坚强的依托。基于这种考虑，胡雪岩从来都紧紧依靠官府。从王有龄开始，运漕粮、办团练、收厘金、购军火，到薛焕、何桂清，筹划中外联合剿杀太平军，最后，还说动左宗棠，设置上海转运局，帮助他西北平叛成功。由于帮助官府有功，胡雪岩得以使自己的生意从南方做到北方，从钱庄做到药品，从杭州做到外国。官府承认了胡雪岩的选择和功绩，也为胡雪岩提供了从事商业活动所必须具有的自由选择权，假如没有官府的层层放任和保护，在这样的一个封建帝国，胡雪岩将会处处受阻滞，他的商业投入风险也必然增大。而且由于投入太大而消耗太多，他的经营也不可能形成如此大的气候。

由此可见，胡雪岩对那个时代的时事大局有独到的、超出一般人的应对能力，这也直接决定了胡雪岩事业的巨大成功。

如果做生意仅仅停留在对时局和大势的把握上，那么这种把握就毫无用处，最多是闲暇人酒后的谈资。胡雪岩高明之处是善于顺应时势为自己的生意谋利。

为了结交丝商巨头，联合同行同业，以达到能够顺利控制市场、操纵价格的目的，胡雪岩把在湖州收购的生丝运到上海，一直囤到第二年新丝上市之前都还没有脱手。而这时出现了几个情况：一是由于上海小刀会的活动朝廷明令禁止将丝、茶等物资运往上海与洋人交易；二是外国使馆联合会衔，各自布告本国侨民不得接济、帮助小刀会；三是朝廷不顾英、法、美三国的联合抗议已经决定在上海设立内地海关。

这些情况对于胡雪岩正在进行的生丝销洋庄生意来说，应该是有利的，而且其中有些情况是他事先预料到的。一方面新丝虽然快要上市，但由于朝廷禁止丝、茶运往上海，胡雪岩的现有囤积也就奇货可居；另一方面朝廷在上海设立内地海关，洋人在上海做生意必然会受到一些限制，而从洋人布告本国侨民不得帮助小刀会，和他们极力反对设立内地海关的情况看，洋人是迫切希望与中国保持一种商贸关系的。此时胡雪岩联合同行同业操纵行情的格局已经大见成效，继续坚持下去，迫使洋人就范，将现有存货卖出一个好价钱，应该说不是太难。

但正是在这个节骨眼儿上，胡雪岩出人意料地决定将自己的存丝按洋人开出的并不十分理想的价格卖给洋人。

作出这一决定，就在于胡雪岩从当时出现的各种情况，看出了整个局势发展必然会出现的前景。当时太平天国已成强弩之末，洋人也敏感地意识到这一点，从他们的态度和采取的行动来看，洋人事实上已经决定与朝廷接续"洋务"了。同时，虽然朝廷现在禁止本国商人与洋人做生意，但战乱平定之后，为了恢复市场，复苏经济，"洋务"肯定还得继续搞下去，因而禁令也必会解除。按照历来的规矩，朝廷是不与洋人直接打交道从事贸易活动的，与洋人做生意还是商人自己的事情。正是从这些一般人不容易看出来的蛛丝马迹中，胡雪岩看出了一个必不可易的大方向，那就是他迟早要与洋人长期合作做生意。

在胡雪岩看来，中国的官儿们从来不会体恤商人的艰难，不能指望他们为商人的利益与洋人去论斤争两。因此，与洋人的生意能不能顺利进行，最终只能靠商人自己来运作。既然如此，那就不如先"放点交情给洋人"，为将来的合作留有余地。出于这种考虑，胡雪岩觉得即使现在自己暂时无法实现控制洋庄市场的目标，也在所不惜了。

这就是胡雪岩眼光精明之所在。这一票生意做下来，他虽然没有赚到钱，但由于有这票生意"垫底"，胡雪岩确实为自己铺就了一条与洋人做更大生意的道路。事实上，胡雪岩在这一笔生意"卖"给洋人的交情，马上就为他赚来了与洋人生丝购销的三年合约，为他以后发展更大规模的洋庄生意，为他借洋债发展国际金融业，为他驰骋十里洋场，打下了一个良好的基础。

鬼谷子
箴言录

【鬼谷子的"诡"点子】

　　中国有句俗话：牵牛要牵牛鼻子。意思是一头壮硕的水牛，怎样驱使它去耕田？自古以来，都是刺穿它的鼻子，系上鼻环，用绳子牵着鼻环，牛因鼻痛，就会乖乖听人使唤。同样的道理，只要洞悉了事物发展的规律，那么一切都在你的掌控之中，那还何愁不能成功呢？

审定实虚，跟踪行动

【古语阐"道"】

审定有无，与其虚实，随其嗜欲以见其志意。微排其言而捭反之，以求其实，实得其指。阖而捭之，以求其利。或开而示之，或阖而闭之。开而示之者，同其情也；阖而闭之者，异其诚也。可与不可，审明其计谋，以原其同异。离合有守，先从其志。

【今言说"道"】

考察他们的有无与虚实，通过对他们嗜好和欲望的分析来揭示他们的志向和意愿。适当贬抑对方所说的话，当他们开放以后再反复考察，以便探察实情，切实把握对方言行的宗旨，让对方先封闭而后开放，以便抓住有利时机。或者开放，使之显现；或者封闭，使之隐藏。开放使其显现，是因为情趣相同；封闭使之隐藏，是因为诚意不一样。要区分什么可行、什么不可行，就要把那些计谋研究明白，计谋有与自己不相同的和相同的，必须有主见，并区别对待，也要注意跟踪对方的思想活动。

【案例延伸】

在小品《卖拐》里面，赵本山对范伟心理把握的技巧令人叫绝。首先以"拐卖"的叫喊声引起范伟的注意，然后以"恐吓"引发范伟的深入关注，以"猜出来历"引起范伟的浓厚兴趣，环环相扣，恰到好处，充分掌握了范伟的心理。

赵本山：就这病发现就晚期！（恐吓引发其关注）

范伟：你怎么回事你啊？大过年的说点好听的！怎么回事儿？

赵本山：别激动，看出点问题来，哎呀，说你也不信——（欲擒故纵）

范伟：我信不信你得说出来哪，怎么回事儿啊？

赵本山：先不说病情，我知道你是干啥的！（转移话题，吊起范伟浓厚的兴趣，为下文作铺垫）

范伟：咳咳，还知道我是干啥的，我是干啥的？

赵本山：你是大老板——（试探）

范伟：啥？

赵本山：那是不可能的。（灵活转移）

赵本山：在饭店工作。

高秀敏：你咋知道他是在饭店呢？

赵本山：身上一股葱花味——是不是饭店的？（观察细节）

范伟：那——你说我是饭店干啥的？

赵本山：厨师！

范伟：咦？

赵本山：是不？

高秀敏：哎呀，你咋知道他是厨师呢？

赵本山：脑袋大，脖子粗，不是大款就是伙夫！——是不？是厨师不？

那些闲逛走进门店的客人心理和小品中的范伟也是一样，从随意的观察浏览，到对一件漂亮的衣服引起注意，到引发联想：自己穿上是如何的漂亮，再到试穿体验阶段，然后对比评价衣服的价值是否划算，一直到最后是否决定购买等，都是客人的各个心理阶段。这个过程中，要注意巧妙地发问，来洞悉客户的需求。

通过询问客户来达到探寻客户需求的真正目的，这是营销人员最基本的销售技巧，在询问客户时，问题面要采用由宽到窄的方式逐渐进行深度探寻。如："王经理，您能不能介绍一下贵公司今年总体的商品销售趋势和情况？""贵公司在哪些方面有重点需求？""贵公司对XX产品的需求情况，您能介绍一下吗？"

适时地采用扩大询问法，可以让客户自由地发挥，让他多说，让我们知道更多的东西，而采用限定询问法，则让客户始终不远离会谈的主题，限定客户回答问题的方向，在询问客户时，营销人员经常会犯的毛病就是"封闭话题"。如："王经理，贵公司的产品需求计划是如何报审的呢？"这就是一个扩大式的询问法；如："王经理，像我们提交的一些供货计划，是需要通过您的审批后才能在下面的部门去落实吗？"这是一个典型的限定询问法；而营销人员千万不要采用封闭话题式的询问法，来代替客户作答，以造成对话的中止，如："王经理，你们每个月销售XX产品大概是六万元，对吧？"

通过直接性提问去发现客户的需求与要求时，往往发现客户会产生抗拒而不是坦诚相告。所以，提问一定要以有技巧、巧妙、不伤害客户感情为原则。药店营业员可以提出几个经过精心选择的问题有礼貌地询问客户，再加上有技巧的介绍药品和对客户进行赞美，以引导客户充分表达他们自身的真实想法。

所以在提问时，不要单方面的一味询问。缺乏经验的营业员常常犯一个错误，就是过多地询问客户一些不太重要的问题或是接连不断的提问题，使客户有种"被调查"的不良感觉，从而对营业员产生反感而不肯说实话。

同时要将询问与商品提示交替进行。因为"商品提示"和"询问"如同自行车上的两个轮子，共同推动着销售工作，营业员可以运用这种方式一点一点地往下探寻，就肯定能掌握客户的真正需求。营业员可以从比较简单的问题着手，如"请问，您买这个是给谁用的？"或"您想买瓶装的还是盒装的？"然后通过客户的表情和回答来观察判断是否需要再有选择地提一些深入的问题，逐渐地从一般性讨论缩小到购买核心，问到较敏感的问题时营业员可以稍微移开视线并轻松自如地观察客户的表现与反应。

也可以通过向客户推荐一两件商品，观看客户的反应，就可以了解客户的愿望了。例如，一位客户正在仔细观看消炎药，如果客户只是简单地应酬了一句，那么药店营业员可以采用下面的方法探测这位客户：

"这种消炎药很有效。"客户："我不知道是不是这一种，医生给我开的药，但已用光了，我又忘掉是哪一种了。""您好好想一想，然后再告诉我，您也可以去问一下我们这里的坐堂医师。""哦，我想起来了，是这一种。"

就这样，药店营业员一句试探性的话，就达成了一笔交易。仍以客户所看的消炎药为话题，而是采用一般性的问话，如："您要买什么？"客户："没什么，我先随便看看。"药店营业员："假如您需要的话，可以随时叫我。"药店营业员没有得到任何关于客户购买需要的线索。所以，药店营业员一定要仔细观察客户的举动，再加上适当的询问和推荐，就会较快地把握客户的需要了。

【鬼谷子的"诡"点子】

有一句话这样说：世界上没有两片完全相同的叶子，世界上也没有完全相同的两个人。因此，我们不管是说话也好，办事也好，都要因人而异。只有了解别人，才能得到我们想要的信息；只有了解别人，才能达到我们想达到的目的。

考虑周详，谨循规律

【古语阐"道"】

即欲捭之，贵周；即欲阖之，贵密。周密之贵微，而与道相追。捭之者，料其情也。阖之者，结其诚也。皆见其权衡轻重，乃为之度数，圣人因而为之虑。其不中权衡度数，圣人因而自为之虑。故捭者，或捭而出之，或捭而内之。阖者，或阖而取之，或阖而去之。

【今言说"道"】

如果要开放，最重要的是考虑周详；如果要封闭，最重要的是严守机密。由此可见周全与保密的重要，应当谨慎地遵循这些规律。让对方开放，是为了侦察他的真情；让对方封闭，是为了坚定他的诚心。所有这些都是为了使对方的实力和计谋全部暴露出来，以便探测出对方的程度和数量。圣人会因此而正确做出判断。假如不能探测出对方的程度和数量，圣人会为此而自谓封闭。所谓开放，或者是要自己出去；或者是让别人进来。所谓封闭，或者是通过封闭来自我约束，或者是通过封闭使别人被迫离开。

【案例延伸】

一位妇女走进一家鞋店，试穿了一打鞋子，没有找到一双合脚的。营业员甲对她说："太太，我们没能有合您意的，是因为您的一只脚比另一只大。"

这位妇女走出鞋店，没有买任何东西。

在下一家鞋店里，试穿被证明是同样的困难。最后，笑眯眯的营业乙解释道："太太，您知道您的一只脚比另一只小吗？"

这位妇女高兴地离开了这家鞋店，腋下挟着两双新鞋子。

不同的服务人员会给客户以不同的感受。不同的销售方式能导致不同的销售结果。营业员甲之所以失败，是因为她不懂得客户的心理——女性爱美，不喜欢别人说自己的脚大。

在推广自己的产品时，潜在的用户往往会出现各种心理变化，如果不仔细揣摩客户的心理，不拿出"看家功夫"，就很难摸透对方的真正意图。

你"看"客户的时候，要揣摩客户的心理。客户究竟希望得到什么样的服务？客户为什么希望得到这样的服务？这是服务人员在观察客户时要不断提醒自己的两个问题。因为各种各样的原因会使客户不愿意将自己的期望说出来，而是通过隐含的语言、身体动作等表达出来，这时，就需要及时揣摩客户的心理。

心理学家做过的实验表明，人们视线相互接触的时间，通常占交往时间的30%～60%。如果超过60%，表示彼此对对方的兴趣可能大于交谈的话题；低于30%，表明对对方本人或话题没有兴趣。

视线接触的时间，除关系十分密切的人外，一般连续注视对方的时间在1～2秒钟，而美国人习惯在1秒钟内。

一位30岁左右的男客户带着自己的母亲来给儿子买钙片，两个人在货架中转上几圈才看到一款心仪的产品。

"这种钙片效果不错，小孩子服用后很容易吸收，很多家长都点名要它。"店员李洋站在一旁介绍着。

"好是好，就是太贵了。不管大人还是小孩，老吃好药也不行。"老太太拿着钙片有些犹豫。男客户刚要说话时，手机突然响了，便走到一旁接听电话。

老太太一个人呆看着那盒钙片，半天迈不开步。

"阿姨，您觉得这个钙片也不错，是吗？"店员李洋走过去问道。

"可这也太贵了。一瓶200多元才够吃一个半月。"老太太摇摇头准备将其放回货架。

"阿姨，我一看您就想起我母亲，一辈子都为儿女操心，自己没用过舒心的东西。看来您很疼孙子，连买个药都要亲自跑一趟。既然您看好这个产品，想必买回家给孙子，您自己也会觉得开心。这药价虽然高了点，但一分钱一分货。况且现在药品安全存在隐患，给小孩子还是要购买质量好的保健品。"李洋的一番话让老太太的意志有些动摇。

"是啊，现在都是穷啥也不能穷孩子，我也怕便宜的药会给孩子吃出毛病，我们家都围着他转。"老太太拿着钙片还没撒手。

这时，男客户打完电话也走过来征求母亲的意见。

"大哥，阿姨手里拿的钙片是儿童钙片中最好的，阿姨很满意，您看……"李洋马上将目光转移到男客户身上。

"有点贵。"男客户看看价签，并没有反对的眼神。

"大哥，我觉得这个给小孩子吃比较好，而且阿姨也看上了，拿回去给孙子吃，她心里也会舒服。老人家只要舒服就会减少生病的概率，老人家健康不就是儿女的希望吗？"李洋继续揣测客户心理。

"贵是贵点，不过只要您老觉得好，咱们也不差钱。"男客户的心被李洋说得有些蠢蠢欲动。"妈，您要觉得好，咱们就买下它。"

片刻，老太太便拿着药品开心地朝收银台走去。

要在沟通中更好地揣摩客户的消费心理，不要急于导购、急于让客户购买，盲目地为了"卖"而"卖"，说了一大堆废话仍没有达到自己的目的。客户本来就属于药店的对立方，店员若不能抓住他们的心理，说过多的话语也只会冲淡所要表达的主题，从而出现"跑单"的情况。

【鬼谷子的"诡"点子】

鬼谷子在文中强调，捭阖之术，一定要确保周密，不能放过任何一个细节，不能留下任何一个死角，我们平时做事业一样，不管对任何人，不管做任何事，都不能大意，只有这样，我们才能抓住转瞬即逝的机会，只有这样，我们才能让自己立于不败之地。

因时而异，得心应手

【古语阐"道"】

捭阖之道，以阴阳试之。故与阳言者，依崇高。与阴言者，依卑小。以下求小，以高求大。由此言之，无所不出，无所不入，无所不可。可以说人，可以说家，可以说国，可以说天下。为小无内，为大无外；益损、去就、倍反，皆以阴阳御其事。

【今言说"道"】

关于开放和封闭的规律都要从阴阳两方面来试验。因此，给从阳的方面来游说的人以崇高的待遇，而给从阴的方面来游说的人以卑下的待遇。用卑下来求索微小，以崇高来求索博大。由此看来，没有什么不能出去，没有什么不能进来，没有什么办不成的。用这个道理，可以说服人，可以说服家，可以说服国，可以说服天下。要做小事的时候没有"内"的界限；要做大事的时候没有"外"有疆界。所有的补益和损害、离去和接近、背叛和归附等行为，都是运用阴阳的变化来实行的。

【案例延伸】

话要因人而异，必须考虑几点因素：

听者的文化知识水平。文化知识水平不同，对说话的接受能力是不同的。比如要表述对社会嫉贤妒能现象的认识，听者为知识分子，可说："木秀于林，风必摧之；堆高于岸，流必湍之；行高于众，人必非之。"但这话就不能再照搬讲给文化水平不高的听众，而可以说"枪打出头鸟"、"出头的椽子先烂"这样的俗语，对方会更容易接受，讲话才会有效果，激励人同样如此。

听者的个性性格。对方性格外向，透明度高，可以多激励他，他会很自然接受；如果对方比较内向、敏感、较严肃，你过多地激励他，会使其认为你很轻浮、浅薄。因此，在赞扬对方时要注意这一点。

听者的心理特点和情感需求。交谈双方各有欲望，要迎合对方的需求讲激励的话。一个不喜欢淑女型、个性鲜明、男孩子气十足的女子，你夸她如果长发披肩、长裙摇曳，定会婀娜多姿，美丽迷人，她也许不会感激你，还有可能骂你多管闲事。如果了解她的心理，夸她短发看起来又精神又有活力，她一定会开心。

19世纪的维也纳，上层妇女喜欢戴一种筒高檐宽的帽子。她们进剧院看戏，仍然戴着帽子，挡住了后排人的视线，对剧院要求女客脱帽的规定不予理睬。剧院经理一日灵机一动，在台上说："女士们请注意，本剧院要求观众一般都要脱帽看戏，但是，年老一些的女士——请听清楚——年老一些的女士，可以不必脱帽。"此话一出，全场的女性全部自觉把帽子脱了下来：谁愿意承认自己年纪老呀！

这位聪明的经理正是利用了妇女们爱美爱年轻的心理特点和感情需求，使原先头痛的问题迎刃而解。

听者的性别特征。与不同性别的人讲话，应选择不同的方式。对体胖的女子，你说她又矮又胖，一定会令她反感；但你夸她一点不胖，只是丰满，她会得到几分心理安慰，不会因为自己胖而自卑。而对同样体形的男子，你说他矮胖子，他也许只是置之一笑。

听者的年龄特征。你若想打听对方的年龄，不同年龄要采取不同问法。对小孩子可以直接问："今年几岁了？"对老年人则要说："今年高寿？"对年龄相近的异性不可直接问，要试探着说："你好像没我大？"对年纪稍大的女性，年龄更是个"雷区"，问得不好讨人厌。一个40岁的中年女子，你开口道"快50了吧"，对方一定气愤不已，你小心地问"30

出头了吧"，她一定会心花怒放，笑逐颜开。

听者的心境特征。俗话说：入门休问枯荣事，观看容颜便得知。在激励别人时，要学会察言观色。一个为事业废寝忘食的年轻人，便可以称他"以事业为重，有上进心"；一个为了债务焦头烂额，心绪不宁的企业家，你夸他"事业有成，春风得意"，对方也许会认为你是在讲"风凉话"，这种话便会起到适得其反的作用。

除了以上因素，还要考虑不同职业、不同宗教信仰等因素。列宁说："对马车夫讲话应该不同于水手，对水手应该不同于对排字工讲话。"陈毅某次出访东南亚，一宗教界人士送他一尊菩萨，他见机谢道："有了菩萨保佑，我更不怕帝国主义了。"这里陈毅借用宗教术语，显示了对宗教的尊重，对宗教界人士的谢意，有深意而不乏风趣幽默。

【鬼谷子的"诡"点子】

俗话说：世界上没有两片相同的叶子。对于人也一样，世界上也没有性格相同的两个人。所以，我们必须要学会看人说话，见什么人说什么话。

卷二 鬼谷箴言，反应之道

　　本卷作为第二卷，鬼谷子在卷中重点向人们阐述了反应之道，而且一再重申个人的言辞在博弈之中的重要地位。鬼谷子指出，不管是辩论还是游说，都要遵循"重之、袭之、反之、复之"，这样才能在博弈中抓住对方的弱点，从而占领博弈的制高点。而这其中，关键在于了解并把握好"反"的诀窍。在这个基础上，再使用"钓言之道"，明白对方的真正意图，从而让自己取得最终的成功。

反复而得，圣人之意

【古语阐"道"】

古之大化者，乃与无形俱生。反以观往，复以验来；反以知古，复以知今；反以知彼，复以知此。动静虚实之理不合于今，反古而求之。事有反而得复者，圣人之意也，不可不察。

【今言说"道"】

在古代能以"大道"来化育万物的圣人，其所作所为都能与自然的发展变化相吻合。反顾以追溯既往，再回首以察验未来；反顾以考察历史，再回首以了解当今；反顾以洞察对方，再回首以认识自我。动静、虚实的原则，如果在未来和今天都得不到应用，那就要到过去的历史中去考察前人的经验。有些事情是要反复探索才能把握的，这是圣人的见解，不可不认真研究。

【案例延伸】

在和他人交流的过程中，我们常常会犯一些错误，这些错误很有可能影响我们在他人心目中的形象和看法，甚至会破坏我们辛辛苦苦建立起来的人际关系。

1. 套话太多

有些人喜欢在交谈中使用太多的或不必要的套话，这些套话一是无实际内容，二是空洞乏味，让人听起来极为不舒服。例如：

一些人喜欢什么地方都加上一句"自然啦"或"当然啦"一类词句；另一些人则喜欢加太多的"坦白地说"、"老实说"一类的套语；也有人喜欢老问别人"你明白了吗"或"你听清楚了吗"；还有的人喜欢老说

"你说是不是"或"你觉得怎么样",如此等等。像这一类毛病,你自己可能一点不觉得,要克服这类毛病,最好的办法是请你的朋友时刻提醒你。

2．口齿不清

有些人谈话本来很好,但是在他们的言语之间掺上了许多无意义的杂音。他们的鼻子总是一哼一哼地响着,或者是喉咙里好像老是不畅通似的轻轻地咳着,要不就是在每句话开头用一个拖长的"唉",像怕人听不清楚似的。这些毛病,只要自己有决心,是可以改掉的。

3．把谚语挂在嘴边

谚语本来是诙谐而有说服力的话,但谚语太多也不好。用谚语太多,往往会给别人造成油腔滑调、哗众取宠的感觉,不仅无助于增强说服力,反而使听者觉得反感。谚语只有在恰当的地方才能使谈话生动有力。在使用谚语时,我们应尽可能使其恰当而有必要。

4．滥用流行的字句

有些人为了表示自己超前,往往把某些流行的字句,不加选择地乱用一番。例如,"××王"这个词就被滥用了,什么东西都牵强加上"王",如"短信王""原声王"……这"王"那"王",使人莫名其妙,不知所云。

5．老用一个词

有些人不知是因为偷懒,不肯开动脑筋找更恰当的字眼,还是有其他方面的原因,特别喜欢用一个字或词来表达各种各样的意思,不管这个字或词本身是否有那么多的含义。

例如,许多人喜欢用"伟大"这个词。在他的言谈中,什么东西都伟大起来了。"你真太伟大了""这盆花太伟大了""今天吃一餐伟大的午饭""这批货物卖了一个伟大的价钱"等,给别人一种华而不实的印象。因此,我们要尽可能地多记一些词汇,使自己的表达尽可能准确而又多样化。

6．说话琐碎

许多人在谈话过程中琐碎得令人讨厌。例如，讲述自己的经历本来是最容易讲得生动、精彩的，很多人也喜欢听别人讲其亲身经历。但是，许多人讲自己经历的时候，一味地不分主次地平铺直叙，觉得自己所经历的，样样都有味道，都有讲一讲的必要，结果反而使听者茫然无头绪，杂乱无章，索然无味。讲经历或故事，要善于抓重点，善于了解听者的兴趣放在哪一点上，少用对话。在重要的关节上讲得尽可能详细一些。其他地方，用一两句话交代过去就算了。

7．夸大事实

夸张的手法有一种引人注意的效果。不过，我们不能把夸张的手法用得太过分，否则，别人就不会相信你的话。在现实生活中，不可能每次说的都是"非常重要"的消息，也不可能每次都讲"最动人的"故事、"最可笑的"笑话，因此，不要到处用"非常""最""极"等字眼，否则，当你在无数的"最"中有一个真正的"最"时，又怎样表示呢？难道你能说"这件事对我是最最重要的"吗？如果你真这样说，别人听了也会无动于衷，因为他们认为你是一向喜欢夸大的人。

除了上述七点之外，我们还应该注意自己在谈话中的声调、手势、面部表情等方面，努力使各个方面协调、得体。这样，我们就能大大增强自己说话的吸引力。

【鬼谷子的"诡"点子】

对于前人总结出来的经验，我们需要利用。用这些经验来很好地提高自己。在日常的生活中，我们在羡慕别人成功，惋惜别人失败的同时，也应该从他们的成功和失败中得到一些东西，为我们日后所用。说话也是一样，对于不好的习惯，我们要摒弃，对于好的习惯，我们要坚持。

明察秋毫，虚虚实实

【古语阐"道"】

人言者，动也。己默者，静也。因其言，听其辞。言有不合者，反而求之，其应必出。

言有象，事有比；其有象比，以观其次。象者，象其事。比者，比其辞也。

【案例延伸】

在销售场合中，业务员不仅要做到业务精通、口齿伶俐，还必须做到善于察言观色。业务员在出示产品之外还必须做更多的努力，在这个时候有些业务员会感到力不从心，尤其是看到客户并不急于购买时，业务员就容易丧失信心。但是如果业务员能够关注客户购买心理的阶段性变化，如注意力的转移、言语的变化，甚至口气的变化，然后针对这些变化采取相应的措施，往往能够迅速达成交易。当然这需要业务员有较高的察言观色的能力。

成交信号是指客户通过语言、行动、表情泄露出来的购买意图。客户在产生了购买欲望以后往往不会直接说出来，而是不自觉地表露心迹。这类信号主要有：

语言信号。

询问使用方法和售后服务。如果客户询问使用方法和售后服务，业务员就可以认为他在假设成交。这个时候是成交的关键时刻，业务员需要谨慎把握。有些业务员在应对了客户关于产品功能和价格的询问以后，便觉得客户过于烦琐，对客户这类问题爱搭不理，结果没有捕捉到这类信号。

询问交货期、交货手续和支付方式。询问到这类问题，就表明客户已经准备成交。在回答这类问题中一定要注意的问题就是交货期的决定权最好交给客户，如"您什么时候方便，我们把货给您送过来？"交货手续要尽量简单，即使很复杂的交货手续，业务员也应该尽量简单地将其表现出来。支付方式上必须简单灵活，让客户能够迅速理解和欣然接受。

询问保养方法和使用注意事项。这类问题也说明了客户已经假设成交，业务员可以用假设成交法来对客户作出令其满意的回答。在回答过程中尽量不要涉及先前未曾提及的产品缺陷，因为未曾提及的产品缺陷总是让客户感到非常震惊，客户会想：他怎么开始不告诉我？注意事项也不宜过多，过多的注意事项使客户觉得问题过于烦琐。

询问价格和新旧产品比较。询问产品价格是客户比较关心的问题，当业务员向客户报价时，客户会对价格提出质疑，自然会涉及新旧产品的比较。在回答这类问题时，千万不要在客户未对价格表示不满时，自行降价。因为对于很多客户来说，他们根本就没有降价的意识，而业务员的自行降价使这种意识迅速产生。

询问竞争对手的产品和交货条件。业务员在说明竞争对手的产品时，不要采取贬低和不屑的态度。因为业务员并没有完全得到客户的信任，对竞争对手产品的贬低和不屑只会让客户觉得该业务员推销的产品不过如此，要不也不会对竞争对手的产品存在如此之深的芥蒂。交货条件也是必须尽量简单，过于烦琐的交货条件很难让人接受。

询问市场评价。市场评价的好坏是促成客户是否购买的重要因素。客户通过询问市场评价，试图得到其他客户对该产品的看法，以决定是否购买。业务员当然不能也不会说市场评价不好，但是也不应该说市场评价相当的好，除非有数据支持。因为每一个母亲都认为自己的儿子是最优秀的，但听母亲话的人可不会如此认为。

动作信号。

客户频频点头。当客户频频点头，不管是礼貌地点头还是赞赏地点头，这都是成交的大好时机，业务员可以把握这个时机迅速向客户提出成交要求。一般来说，客户频频点头却不成交的情况是很少见的。

端详样品和细看说明书。这两个行为都说明客户对产品确实已经产生兴趣，样品和说明书都是产品的重要组成部分。当客户对产品产生兴趣时，业务员就可以向客户积极地解释，以求迅速达成交易。

向业务员方向前倾和用手触及订单。这两个行为说明客户已经有成交的意向，并且在积极地获取进一步的沟通。此时业务员不应该再长篇大论，而应该长话短说，迅速达成交易。

表情信号。

当业务员和客户开始打交道之前，业务员所行事的全部依据就是对方的表情。客户的全部心理活动都可以通过其脸部的表情表现出来，精明的业务员会依据对方表现出来的复杂表情来判断对方是否对自己的话语有所反应，并积极主动地采取措施达成交易。

客户舒展的表情往往表示客户已经接受了业务员的信息，而且有初步成交的意向。

客户眼神变得集中、脸部变得严肃都表明客户已经开始考虑成交。业务员可以利用这样的机会，迅速达成交易。

【鬼谷子的"诡"点子】

用销售作为案例，为我们讲述了察言观色的重要性。在日常生活中也一样，做什么事情我们都要关注别人的一举一动，这样我们才能把握博弈的主动权。

欲扬先抑，欲取先予

【古语阐"道"】

故善反听者，乃变鬼神以得其情。其变当也，而牧之审也。牧之不审，得情不明。得情不明，定基不审。变象比必有反辞以还听之。欲闻其声，反默；欲张，反敛；欲高，反下；欲取，反与。

【今言说"道"】

古代善于从反面听别人言论的人，可以改变鬼神，从而刺探到实情。他们随机应变很得当，对对手的控制也很周到。如果控制不周到，得到的情况就不明了，得到的情况不明了，心里底数就不全面。要把模仿和类比灵活运用，就要说反话，以便观察对方的反应。想要讲话，反而先沉默；想要敞开，反而先收敛；想要升高，反而先下降；想要获取，反而先给予。

【案例延伸】

每一个干大事的人，都懂得人际关系的重要性。李嘉诚作为一个杰出的领导者，更是把它当作重中之重来处理。

他身体力行，做到事事以考虑别人为先，做到千金面前不忘义，从而建立了良好的人缘，同时自己也因此受益匪浅。李嘉诚在董事袍金上的做法就是一个很好的例子。

李嘉诚出任10余家公司的董事长和董事，董事局为他开支优厚的董事袍金。但他把所有的袍金归入长实公司账上，自己全年只拿5000港元，而且他为和黄公差考察、待客应酬都是自掏腰包，不在和黄财务上报账。

这5000港元，还不及公司一名清洁工在80年代初的年薪。

以80年代中的水平，像长实系这样盈利状况甚佳的大公司主席袍金，一个公司就该有数百万港元。进入90年代，便递增到1000万港元上下。

李嘉诚20多年维持不变，只拿5000港元。按现在的水平，李嘉诚万分之一都没拿到。

李嘉诚每年放弃数千万袍金，获得了公司众股东的一致好感。爱屋及乌，大家自然也信任长实系股票。甚至李嘉诚购入其他公司股票，投资者莫不步其后尘，纷纷购入。

李嘉诚是大股东和大户，得大利的当然是李嘉诚。

有公众股东帮衬，长实系股票被抬高，长实系市值大增。

李嘉诚欲办大事，很容易得到股东大会的通过。

对李嘉诚这样的超级富豪来说，袍金算不得大数，大数是他所持股份所得的股息及价值。

1994年4月至1995年4月的年度，李嘉诚所持长实、生啤、新王股份，所得年息共计有12.4亿港元——尚未计他的非经常性收入，以及海外股票的年息。

有人说，一般的商家，只能算精明。唯李嘉诚一类的商界翘楚，才具备经商的智慧。舍利取义，舍小取大，李嘉诚又是其中最最聪明的人。

此外，李嘉诚将长实旗下部分公司私有化的一些做法也充分体现了他见利不忘义的品格。

"私有化"是一个专用名词，是指改变原上市公司的公众性质，使之成为一家私有公司。

根据证券条例的规定，公司上市必须拨出25％以上的股份向公众发售，即使是一家家族性的上市公司，本质上也是公众公司。

公司上市、收购公司以及供股集筹，都被称作"进取"，而将公司私有化，取消其挂牌的上市地位，即是"淡出"。

其实，"淡出"也是一种收购形式，只不过取消挂牌后的私有公司，不能再从社会集资，也不再具有以小搏大、以少控多的优势。

李嘉诚之所以将部分公司实行私有化，主要有两个方面的原因：

第一，李嘉诚所控的长实系集团够庞大了，仅就长实、和黄、港灯三家巨型公司的规模而言，已足以获准浩大的集资计划。因此，将部分公司私有化，并不影响长实日后的集资扩张。

第二，私有化以后的公司，将重新变为不受公众股东和证监会制约监督的公司，因而有利于保守商业秘密，也不必再像公众公司那样向公众公布财务经营状况。

要实行私有化，时机选择是一个很关键的问题。骑牛上市，借熊退市是大股东选择的最佳时机。道理谁都懂，要真正掌握好时机，并非那么简单；而要显出大度来，避免小股东的怨恨，则更不容易。而李嘉诚实行私有化时，却兼顾了这两点，再一次显示了他与众不同的人格魅力。

1984年，中英就香港前途问题的联合声明签订后，香港投资气候转晴，股市开始上扬。1985年10月，李嘉诚宣布将国际城市有限公司私有化，出价1.1港元，较市价高出一成，亦较该公司上市时的发售价高出0.1港元。

对于这种价格，小股东自然是大喜过望，纷纷接受收购。李嘉诚这次提出私有化，正在牛市之时，付出了较高的收购代价。如果是赶在两年前或等到两年后的熊市之时，再进行私有化，就能够实现低价收购。

对此，有人认为一贯善于把握时机的李嘉诚看走了眼，没有抓住实行私有化的最有利时机。

其实，以李嘉诚多年的商业经验、运筹帷幄的商业技巧和坚实的经济基础，完全可以在股市低潮这种有利的条件下，用超低的价格收归到自己的手中。但他并没有这样做，他充分考虑到了小股东们的不易。他们资金小，赚得的利润也少，这一次竞争也许一下子就把他们置于死地了。他说，我不是没想过借熊退市，但趁淡市以太低的价钱收购对小股东来说不公平。

所以，李嘉诚实行了他们较为满意的收购价格。李嘉诚的这种千金面前不见利忘义的品格实在是难能可贵的。

古人有得民心者得天下的道理。李嘉诚这种成全他人利益的方法，无疑是得到了人心，所造成的良好影响虽然看不见，但时时处处都可能对他产生良好的作用。许多人自作聪明，将损人利己当成本事，殊不知，懂得照顾别人的利益，才是真正的智慧。

人活在世上不能光顾一己之利。仅把目光停留在个人利益上，而舍不得为别人付出半分半厘的人，最终只能赚得一时小利，而失去长远之大利。如果我们在决定做一件事情之前能想想别人的利益和感受，那么我们会发现我们的道路会因此而越变越宽阔。

【鬼谷子的"诡"点子】

有一个成语说得好"欲擒故纵"。想要从别人那里得到利益，必须先给别人一些利益，所谓"合作双赢"，就是这个道理。我们做什么事情必须要明白这个道理，天下没有免费的午餐。

模仿类比，得其情诈

【古语阐"道"】

欲开情者，象而比之，以牧其辞。同声相呼，实理同归。或因此，或因彼，或以事上，或以牧下。此听真伪，知同异，得其情诈也。

【今言说"道"】

要想了解对方的内情，就要善于运用模仿和类比的方法，以便把握对方的言辞。同类的声音可以彼此响应，合乎实际的道理会有共同的结果。或者由于这个原因，或者由于那个原因；或者用来侍奉君主，或者用来管理下属。这就要分辨真伪，了解异同，以分辨对手的真实情报或诡诈之术。

【案例延伸】

对自己身上所不具备的东西感兴趣，这是人的本性。因此，在与他人沟通的过程中，充分利用这一点。

世界上没有两个一模一样的人，同样，也没有在性格、思想、能力上完全一样的人。在和别人打交道的时候，我们更多的时候是去面对别人与众不同的特点，有时甚至是缺点，所以，找到别人和自己的契合点非常重要。

和谐的关系是懂得彼此的差异性并力求互补的结果。对自己身上所不具备的东西感兴趣，这是人的本性。一起玩得特好的朋友，也常常是彼此互补的人。

民国时期的国学大师黄侃留学日本时，结识了刘师培，两人相与筹谋革命，相互学习，交往日深，成为知己。

辛亥革命后，袁世凯想恢复帝制，便四处拉拢社会名流，他找到黄侃，并赠大洋3000元和一枚一等金质嘉禾勋章，想让黄侃为他写《劝进书》。黄侃拿了袁世凯的赏钱，却并不做事，整天四处游玩，并将那枚勋章挂在一只黑猫的脖子上。而刘师培经不住富贵利禄的引诱，先变节为密探，后来成了"筹安会"六君子之一。

刘师培有一次劝黄侃支持帝制，黄侃声色俱厉地说："如此等事，请先生一身任之。"然后拂袖而去，在座的其他人也跟着黄侃一哄而散，弄得刘师培狼狈不堪。

1917年，黄侃与刘师培再次在北京相遇。此时的刘师培因参加"筹安会"，正处于穷困潦倒之际。黄侃便到蔡元培那里，推荐刘师培在北京大学授课，解决了刘的生计问题。

两年以后，重病在身的刘师培，因怕自己平生所学失传而焦心。黄侃安慰道："君今能在北大授课，就别再为无人接续而发愁了。"刘凄然说："那些人都没有能力担当此任！"黄侃禁不住问："那谁能担当呢？"刘师培说："唯君足以担当此任！"黄侃正色道："如果真是那样，刘先生不弃，侃愿执经受业。"

第二天，黄侃叫妹夫预订上好酒席一桌，将仅年长两岁的刘师培请至上席，叩头行拜师大礼，从此对刘师培改称老师。黄侃还对妹夫说："《三礼》为刘氏家学，今刘肺病将死，不这样做就不能继承绝学。"

数月后，36岁的刘师培终因肺病不治而早逝。黄侃以弟子之名亲撰《先师刘君小祥会奠文》以示哀悼。小学是经学的工具，而经学又是小学的材料。作为小学大家的黄侃如此重视经学，令人赞叹不已。他拜朋友为师，也成为士林佳话。

黄侃就是能够找到和朋友的契合点的人。在刘师培成为"筹安会"六君子之后，仍然和他来往，并在最后，为不使刘的绝学失传，毅然改朋称师。虽然在政治上，两人观点鲜明，截然不同，但正是两人对国学的热爱才使他们一直都保持着很好的关系。

所以，在我们和别人相处的时候，不要只看到别人与自己的分歧，应该多看到朋友的优点，找到彼此都相互接受的地方，相互学习，来扩大自己的"面积"或者"容量"。这是一个相互磨合互补的过程。

哈维·麦凯，如今他拥有价值数百万美元的有限公司。他大学刚毕业的时候，十分迷恋高尔夫球，想成为一名职业高尔夫球手，但遭到了父亲的强烈反对。父亲为了让他彻底放弃高尔夫球，做一些实实在在的事，经常安排儿子和一些已取得了巨大成就的企业家们接触。父亲很清楚儿子是个英雄崇拜者，这些"英雄"们一定会对他产生影响。

有一次，哈维·麦凯刚刚迈进汉姆弗利的办公室，这位职业政客就从椅子里跳起来，热情地说："哈维，亲爱的，一位很好的高尔夫球手，真羡慕你。我多想也能有你这种天分。"说着他把哈维拉到了窗前，指着白宫的方向继续说："艾森豪威尔就是一个出色的高尔夫球手，说不定现在这位总统正在他办公室的地毯上练习高尔夫呢。努力吧，哈维，你也会成为一个总统的。"

哈维清楚地知道，这位政客把他当作了工作的对象——一位即将成为选民的青年。只几分钟时间，这位老练的政客就征服了他的对手，使哈维成了他的朋友、竞选支持者和资助者。对方找到了他需要的一面，而哈维也得到了他的一面：他决心要学汉姆弗利的精神，照着他的长处去做事，果然长进很大，走向了成功。

所以，与所有人相处都可以找到让自己学习的一面，也就是说能结合到你看好的那一面。要尽最大的努力去了解和你相处的人们，这样你才能找到你和他们的契合点。找到以后，就尽量在这个契合点上多做接触，对于那些你们有分歧的地方，就可以尽量避开，这样你的朋友就会一个一个地多起来，你在人群中也会逐渐变得受欢迎。

鬼谷子
箴言录

【鬼谷子的"诡"点子】

在我们做任何一件事之前，我们应当借鉴一下前人的方法和理念，在不走反规则的前提下然后确定自己做事的方法和原则。这样的话，我们才能将自己身上的优势发挥出来，我们才能把事情做好。

虽非其事，见微知类

【古语阐"道"】

动作言默，与此出入；喜怒由此以见其式；皆以先定为之法则。以反求复，观其所托，故用此者。己欲平静以听其辞、观其事、论万物、别雄雌。虽非其事，见微知类。若探人而居其内、量其能、射其意；符应不失，如蛇之所指，若羿之引矢。

【今言说"道"】

举止行为、言语缄默，与此相关都要通过这些表现出来；喜怒哀乐也都要借助这些模式；都要事先确定法则。用递反心理来追索其过去的精神寄托。所以就用这种反听的方法。自己要想平静，以便听取对方的言辞，考察事理，论说万物，辨别雄雌。虽然这不是事情本身，但是可以根据轻微的征兆，探索出同类的大事。就像刺探敌情而深居敌境一般，要首先估计敌人的能力，其次再摸清敌人的意图，像验合符契一样可靠，像腾蛇一样迅速，像后羿张弓射箭一样准确。

【案例延伸】

唐代武则天时，湖州别驾苏无名以善于侦破疑难案件而闻名朝野。一次，他到神都洛阳，恰巧碰到武则天的爱女太平公主的一批宝物被盗，武则天诏令破案。

原来武则天赏赐给太平公主各种珍贵宝器共两盒，价值黄金千两。太平公主收到母亲这批赐物，即带回家中密藏了起来。但是，一年之后宝物不翼而飞。这是圣上御赐的宝物，太平公主不敢隐瞒，立即告诉了武则天。

　　武则天知道后，认为有损她的脸面，恼羞成怒，立即召来洛州长史，诏令他两日内破案，如限期之内不能缉盗归案，则以渎职、欺君问罪。

　　洛州长史恐惧万分，急忙召来州属两县主持治安缉盗的官员，向他们投下制签，下令两日之内破案，否则处以死罪。两县的缉盗官员们无力破获这样的大案，只是依照长史的做法，召来一班吏卒，严令他们在一日之内破案，否则也是处以死罪。一件疑难大案的侦破任务，便如此一层一层地推了下来。

　　无法再往下推的吏卒们手中拿着上司的死命令，一时慌了手脚，只得来到大街上碰运气。恰好，他们碰上了苏无名，于是便一拥而上将这桩"御案"告诉了他。苏无名听完后，吩咐他们如此如此，便同他们一块来到衙门。一进衙门，这班吏卒向着主管缉盗的官员高呼："捉住盗贼了！"他们的话音还未落地，苏无名已应声进了厅堂。缉盗官一问，眼前来的乃是湖州别驾苏无名，便转身怒斥吏卒们："胆大妄为之徒，怎能如此侮辱别驾大人！"

　　苏无名一见缉盗官训斥下属，便朗声大笑道："不要怪罪他们。他们请我来此为的是侦破公主宝物被盗的御批大案！"缉盗官一听苏无名是为破案而来，惊喜万分，便急忙向苏无名请教破案的妙策。苏无名不动声色，只是说："你我立即去见洛州府长史。见了长史，你只需告诉他，御案由我湖州别驾苏无名来主持侦破即可。"缉盗官依了苏无名的主意，带他前往洛州府。

　　缉盗官和苏无名二人来到洛州府。长史一听破案有了指望，立即行礼迎接苏无名，感激涕零地拉着苏无名的手说道："今日得遇明公，是苍天有眼，赐我一条生路啊！"说完，洛州府长史摒退左右，向苏无名征询破案的妙策。苏无名依然是不急不忙地说："请府君带我求见圣上。在圣上谕旨之下，我苏无名自有话说！"洛州府长史急于破案交差，立即上疏朝廷荐举苏无名破案。

　　苏无名心中已有了破案之策，故而他见了缉盗官，又要见长史，见了长史又要进见圣上，这一系列的举措都是有目的的。

　　武则天看过洛州府长史的上疏后，决定立即召见湖州别驾苏无名。

　　在洛阳的宫殿上，苏无名见到了武则天。武则天劈头一句便问："你果真能为朕捉到盗宝的贼人吗？"苏无名答道："臣能破案！如果圣上委臣破案，请依臣三事：一、在时间上不能限制；二、请圣上慈悲为怀，宽谅两县的官员；三、请圣上将两县的吏卒交臣差使。如依得臣下所请三事，臣下将在两个月内，擒获此案盗贼，交付陛下。"

　　武则天听完之后，看了看苏无名，便点头应允了他的条件。谁知苏无名奉旨接办御案之后，没有动静，一晃就是一个多月的光景过去了。一年一度的寒食节来临了。这天，苏无名召集两县大小吏卒会于一堂，准备破案。他吩咐所有破案人员全部改装为寻常百姓，分头前往洛州的东、北二门附近巡游侦察。无论哪一组，凡是遇见胡人身穿孝服，出门往北邙山哭丧的队伍，必须立即派员跟踪盯上，不得打草惊蛇，只须派人回衙报告即可。

　　这边苏无名刚刚坐定，就见一个吏卒喜滋滋地赶了回来。他告诉苏无名，已经侦得一伙胡人，其情形正如苏无名所说，此刻已在北邙山，请苏无名赶去定夺。苏无名听后，立即下令衙役备马，与来人赶往北邙山坟场。到达之后，苏无名询问盯梢的吏卒："胡人进了坟场之后表现如何？"吏卒回报说："一切如别驾大人所料，这伙胡人身着孝服，来到一座新坟前奠祭，但他们的哭声没有哀恸之情，烧些纸钱之后，即环绕着新坟察看，看后似乎在相互对视而笑。"苏无名听到这里，大喜击掌，说道："窃贼已破！"立即下令拘捕那批致哀的胡人，同时打开新坟，揭棺验看。吏卒奉命逮捕了胡人，但对开棺之令不免犹豫不前。苏无名见状，笑道："诸位不必疑虑，开棺取赃，破案必在此举！"于是，吏卒们动手掘坟开棺。随着棺盖缓缓开启，棺内尽是璀璨夺目的珠宝。检点对勘之后，证实这些正是太平公主所失的宝物。

苏无名一举侦破太平公主的失窃大案，震动了洛阳。武则天下旨再次召见苏无名，问他是如何断出此案的。苏无名应召进殿，对道："臣下并没有什么特殊的神谋妙计，来洛阳汇报工作的途中，曾在城郊邂逅了这批胡人。凭借臣下多年办案的经验，当即断定他们是窃贼，只是一时还不知他们下葬埋藏的地点，只得耐心等待。寒食节一到，依民俗，人们是要到墓地祭扫的。我料定这批借下葬之名而掩埋赃物的胡盗，必定会趁这机会出城取赃，然后相机席卷宝物逃走。因此臣下差遣两县吏卒便装跟踪，摸清他们埋下宝物的地点。据侦察的吏卒报告，他们奠祭时不见悲切之情，说明地下所葬不是死人；他们巡视新坟相视而笑，说明他们看到新坟未被人发觉，为宝物仍在坟中而高兴。因此我决定开棺取证，果然无误！"

苏无名继续说道："假如此案依陛下两天之限，强令府县去侦破，结果必因风声太紧，窃盗们狗急跳墙，轻则取宝逃亡，重则毁宝藏身。那么，在证毁贼逃的情况下，再去缉盗追宝，就势必事倍功半了。所以陛下急破之策不宜行，急则无功。现在，官府不急于缉盗，欲擒故纵，盗贼认为事态平缓，就会暂时将棺中宝物放在那里。只要宝物依然还在洛阳近郊，我破案捕盗就轻如囊中取物！"

苏无名的一番话，说明这样一个道理，做什么事都不能急于求成，必要时敢于放弃，然后善于收手。耐心等待，不急不躁，伺机而动才能稳打稳扎。人生路上，既要健步如飞，又需稳妥前行。脚踏实地地坚持不懈，机会总会垂青于你。进退自如便是英雄。

【鬼谷子的"诡"点子】

人生路上，我们不可能事无巨细，但我们要把对我们重要的东西和事情了解清楚，分清主次，才能让我们为了目标而奋斗，才能让我们的人生丰富多彩。

先要知己，才能知人

【古语阐"道"】

　　故知之始己，自知而后知人也。其相知也，若比目之鱼；其伺言也，若声之马响；其见形也，若光之与影；其察言也不失，若磁石之取针，若舌之取燔骨。

【今言说"道"】

　　所以要想掌握情况，要先从自己开始，只有了解自己，然后才能了解别人。对别人的了解，就好比一对比目鱼一样和融恰，没有距离；掌握对方的言论就像声音与回响一样相符；明了对方的情形，就像光和影子一样不走样；侦察对方的言辞，就像用磁石来吸取钢针，用舌头来获取焦骨上的肉一样万无一失。

【案例延伸】

　　生活中很多人都不能正确地认识自己，经受一些挫折、一点打击，就悲观失望、垂头丧气、怨天尤人、惊慌失措。甚至因为不能正确地认识自己，在极度悲观中绝望轻生，这样的例子，古今中外，不胜枚举。

　　让我们看一看凡·高吧！

　　文森特·凡·高是荷兰凡·高家族的一分子，他的家族是几乎垄断了荷兰美术市场的画商，他的父亲是一个小镇的受人敬重的牧师，而他最初的愿望就是能够做一个很好的布道者，能够为人们"传播福音"。

　　他在叔叔的一个画店里工作，这样他可以挣钱养活自己，他甚至很可能成为他叔叔的继承人来继承一大笔财产，而他却放弃了这里，选择了离开。

　　1869年，凡·高跟随欧洲一个有名的艺术品商人哥比尔开始经商，而那时的凡·高由于年龄小，脾气暴躁，在推销艺术品时，经常和雇主争吵，于是被哥比尔解雇了。

　　凡·高来到英国，在伦敦一家规模很小的寄宿学校教法文。由于他没有及时收缴贫穷学生的学费，受到牧师的责骂，因而又离开了这所学校。

　　1881年，28岁时的凡·高成了世界上最孤独的一个人。也就是这时，他开始画画了，他画了一张又一张比利时矿工的素描。他基本上不懂绘画的技法，当然也没有人来买他画的画。

　　1886年2月，凡·高前往巴黎与弟弟提奥同住。提奥在当时已是小有名气的画商了，他十分推崇印象派和新印象派、后印象派画家。在弟弟的介绍下，凡·高结识了高更、贝尔纳、劳特累克、毕沙罗、修拉等画家。这一时期的凡·高深受印象派绘画的影响，画面变得明亮清新，并运用了如点彩法等的一些印象派技法。同时，他也开始了著名的自画像的创作。

　　1888年年初，35岁的凡·高厌倦了巴黎的城市生活，来到法国南部小城阿尔寻找他向往的灿烂的阳光和无垠的农田，他租下了"黄房子"，准备建立"画家之家"。他的创作也进入了巅峰。《向日葵》、《夜间咖啡座——室外》、《夜间咖啡座——室内》都是这一时期的代表作。但他依然只能靠弟弟提奥的资助生活。

　　在绘画这一职业追求中，如果得不到别人的赞许和认同是很难支撑下去的，但是他得到更多的是打击，在凡·高最艰苦的阶段，他每个月的最后几天都躺在床上，以此来化解饥饿的威胁，我们可以想象这种经历是多么让人心酸。

　　当时，上流社会的绅士们需要的是一些精致的小肖像画，或者是完美的风景画。他们喜欢忧伤的油画。

　　一次，一位上流社会的少妇看到凡·高的油画，很轻蔑地说："我很高兴把这种东西称作艺术。"面对莫名其妙的嘲讽，凡·高从没有消沉，更没有放弃自己的艺术追求。

　　37岁时，凡·高画出了《圣莱米痛苦的疯子》。

　　然而，凡·高的画在当时却无法得到上流社会和收藏家的青睐，他的画作在那些人眼中就像废纸一样一文不值。一次一次的失败和打击，凡·高渐渐变得孤独起来。他觉得自己是一个真正的失败者，他开始颓废、失望甚至绝望了。

　　他疲惫了、厌倦了，再也没有勇气面对生活给他的所有折磨和苦难，他决定离开这个嘲弄他的可悲的世界。于是，凡·高用手枪结束了自己的生命。

　　一次又一次的失败和打击，使凡·高无法正确地认识自己，他在失败面前退缩了，以致没有生活下去的信心和勇气。

　　凡·高自杀后，在他身上发现了一封信，信中写道："说到我的事业，我为它豁出了我的生命，因为它，我的理智已近乎崩溃。"

　　1914年，凡·高书信集出版，凡·高的一生渐渐被全世界的人所知。

　　1934年，《渴望生活——凡·高传》出版，凡·高的故事感动着全世界的人。

　　今天，凡·高已成为举世闻名的艺术大师。

　　可惜他自己已经无法得知了。

　　凡·高经历了那么多磨砺，他的作品就是他的肉体和灵魂，为了它，他甘愿冒失去生命和理智的危险。然而他还是没有真正认识自己的存在价值，对自己缺乏信心，认为自己始终就是一个失败者，经历了太久的打击，无法继续承受失败的打击，决然离去。如果他能对自己有个正确的认识和判断，能够肯定自己的存在意义，再坚韧一些，那么他自己的世界就会更精彩，也会给整个世界带来更多的惊喜。

【鬼谷子的"诡"点子】

只要我们能够真正认识自己，并且有改变自己的勇气，就像一艘即将抵达彼岸的船舶，挫折是船舶的压舱之物，在狂风暴雨中加大前进的马力，厄运也会助成功一臂之力的，那样就会乘风破浪，最终成功地抵达彼岸。

卷三　鬼谷箴言，内楗之道

　　本卷是讲述如何处理人际关系的内楗之道。鬼谷子说，凡事皆有内楗，这个内楗是"素结本始"的。鬼谷子把内楗比喻为"结"，就像一条绳索打了个结一样。本卷刚开始就给读者指出，上下级之间的关系是非常微妙的，表面上很亲近的，内心实际上却很疏远；而那些表面上很疏远的，内心其实却非常亲近。本卷要求人们使用"内楗"之法，恰当处理上下级关系。

言辞谨慎，用心揣度

【古语阐"道"】

君臣上下之事，有远而亲，近而疏；就之不用，去之反求；日进前而不御，遥闻声而相思。事皆有内楗，素结本始。或结以道德，或结以党友，或结以财货，货结以采色。用其意，欲入则入，欲出则出；欲亲则亲，欲疏则疏；欲就则就，欲去则去；欲求则求，欲思则思　若蚨母之从子也；出无间，入无朕。独往独来，莫之能止。

【今言说"道"】

君臣上下之间的事情，有的距离很远却很亲密，有的距离很近却很疏远。有的在身边却不被使用，有的在离去以后还受聘请。有的天天都能到君主眼前却不被信任，有的距离君主十分遥远却听到声音就被思念。凡是事物都有采纳和建议两方面，平常的东西都与本源相联结，或者靠道德相联结，或者靠朋党相联结，或者靠钱物相联结，或者靠艺术相联结。要想推行自己的主张，就要做到想进来就进来，想出去就出去；想亲近就亲近，想疏远就疏远；想接近就接近，想离去就离去；想被聘用就被聘用，想被思念就被思念。就好像母蜘蛛率领小蜘蛛一样，出来时不留缝隙，进去时不留迹象，独自前往，独自返回，谁也没法阻止它。

【案例延伸】

俗话说"良言一句三冬暖，恶语伤人六月寒"。我们在与人交谈和来往中，应当尊重人，讲究语言美，而不是自以为是，出言不逊，要以诚待人，与人为善，不要打听干涉别人的隐私，评论他人的是是非非，不要无事生非，捕风捉影，也不要东家长李家短，说话要有事实根据，不能听风就是雨，左右摇摆。如满嘴污言秽语，不但伤人，而且有损自身形象，迟早会被别人憎恨和报复。所以，在日常的社交活动中，每说一句话之前，都要考虑一下你要说的话是否合适，不要口无遮拦，想说什么就说什么。人生的经验告诉我们：一定要管好自己的嘴巴，否则会祸从口出。

"你会说话吗？"这样问你，你一定觉得可笑，只要是正常人，说话谁不会？可实际上问题并没有那么简单。先看下面的例子：

一剃头师傅家被盗劫。第二天，剃头师傅到主顾家剃头，愁容满面。主顾问他为何发愁，师傅答道："昨夜强盗将我一年积蓄劫去，仔细想来，只当替强盗剃了一年的头。"主人怒而逐之，另换一剃头师傅。这师傅问："先前有一师傅服侍您，为何另换小人？"主人就把前面发生的事细说了一遍。这师傅听了，点头道："像这样不会说话的剃头人，真是砸自己的饭碗。"

有一人请客，四位客人有三位先到。这主人等着焦急，自言自语道："咳，该来的还没来。"一客人听到了，心中不快："这么说我就是不该来的来了？"告辞走了。主人着急，说："不该走的又走了。"另一客人也不高兴了："难道我就是那该走又赖着不走的？"一生气，站起身也走了。主人苦笑着对剩下的一位客人说："他们误会了，其实我不是说他们……"话未完，最后一位客人也走了。

你看，说话是简单的事吗？如果我们说话时不假思索，就可能伤人败兴，引起误解。我们要注意说话的场合、对象、气氛，不要随意就说。像有些人去菜市场，问卖肉的："师傅，你的肉多少钱一斤？"或饭馆服务员上一盘香肠对顾客说："先生，这是你的肠。"这类笑话，我们要注意避免。

明人吕坤认为，说话是人生第一难事。像上面所说的情况，还不是太难的。只要注意语言修养，慢慢就会改善我们说话的纰漏和不足之处。说话难，而说真话说实话更难。

春秋时，齐国的晏子经常劝谏齐景公。一次，齐景公的一匹爱马暴死，齐景公大怒，命令手下把养马人用刀肢解。这时，晏子刚好在齐景公身旁，见手下持刀斧而进，晏子说："大王，先让我代您说说这养马人所犯之罪，然后再处死他，这样才能让他心服。"齐景公说："可以。"晏子就开始历数养马人三大"罪状"：国君让你养马你却把马养死了，这是死罪之一；死的是国君最喜爱的马，这是死罪之二；你让国君因为一匹马而杀人，百姓闻知，必定怨恨国君；邻国闻之，必轻视我们的国家，这都是因为你使马死了造成的，你真是罪有应得呀！齐景公明白了道理，说："把养马人放了，不要因此伤害了我的仁政。"

如果晏子不绕着弯子让齐景公明白人比马更重要，而且直接指责齐景公做得不对，不应为一匹马而去杀人，那么，气头上的齐景公不仅不会听从，甚至连晏子自己也可能因直言而获罪。由此可见说话讲究技巧的重要意义。

说话讲求一些技巧，这是我们需要学习的，但这并不意味着我们可以放弃原则，指鹿为马，曲意逢迎。如果违心地说话，那技巧就变成了恶行。崔永元说得好："也许有一天我们会讨论技巧，我们用酒精泡出了经验，我们得意地欣赏属于自己的一份老练时，发现我们丢了许多东西，那东西对我们很重要。"

晏子很会说话，但前提是坚持了原则，我们不能为技巧而牺牲原则和人格。

【鬼谷子的"诡"点子】

在和别人说话的时候，尤其是和第一次见面的朋友进行交谈的时候，我们必须要注意把握说话的尺度，不能说话不经大脑，那样，不仅会让别人反感，而且会给别人留下攻击自己的口实，做事需要"三思而后行"，我们说话也需要"三思而后言"！

随机应变，巧妙谏言

【古语阐"道"】

内者，进说辞也。楗者，楗所谋也。欲说者务稳度，计事者务循顺。阴虑可否，明言得失，以御其志。方来应时，以和其谋。详思来楗，往应时当也。夫内有不合者，不可施行也。乃揣切时宜，从便所为，以求其变。以变求内者，若管取楗。

【今言说"道"】

所谓"内"就是采纳意见；所谓"楗"就是进楗计策。想要说服他人，务必要先悄悄地揣测；度量、策划事情，务必要循沿顺畅的途径。暗中分析是可是否，透彻辨明所得所失，以便影响君主的赣。以道术来进言当应合时宜，以便与君主的谋划相合。详细地思考后再来进言，以适应形势。凡是内情有不合时宜的，就不可以实行。就要揣量切摩形势，从便利处入手，来改变策略。用善于变化而被采纳，就像以门管来接纳门楗一样顺当。

【案例延伸】

随机应变是一种相当微妙的品质，很难精确地对其进行定义。但是毫无疑问，对那些渴望迅捷地在这个世界上成就一番事业的人来说，这种品质是必不可少的。

开口托人办事毕竟是件难事，但如果掌握了技巧，随机应变难事也就变得容易了。

（1）借别人的口说自己的话

有这样一个真实的事例：

在西安事变前夕，张学良和杨虎城频繁晤面，都有心对蒋介石发难。可在对方没亮明态度之前，谁也不敢轻易开口。眼看时间越来越近，双方都是欲说还休。杨虎城手下有个著名的共产党员叫王口道："我看这也不失为一个办法。"于是两个聪明的将军开始商谈行动计划。

还有这样的一个事例：

渡江战役前夕，国共和谈破裂，国民党政府即将垮台。周恩来力劝国民党和谈代表留在北平共事，代表们也对原政府失去了信任，却又不知毛泽东能不能容忍他们这些异党分子，就想探个究竟，也好为自己求得一条退路。可如果直接相问，就明显有乞降之嫌，大家都磨不开面子。有一个成员趁打麻将之机，轻描淡写地问毛泽东："是清一色好，还是平和好？"毛泽东心领神会，爽快答道："还是平和好，我喜欢打平和。"

就这样，一个重大的信息悄然传了过去，代表们全留了下来。问者自然高明，回答也是不凡。

（2）用虚话套实话

做老实人说老实话，应是为人的一条准则，但炮筒子未必受欢迎，特别有时连自己也不明白是不是要说实话，那该怎么办呢？

张某托好友王局长为自己办件事，忽然听说他被捕"进去了"，又不知真假，就到张家探望。确实只有局长夫人在家，满脸愁容。张某开口道："老王怎么没在家呀？"果然张夫人长叹一声："唉！心脏病又犯了，昨天送进医院了……"

原来如此！如果，张某实话询问王局长是否真的被捕了，那场面如何？张某是这样设想的：如果王局长真的被捕了，其夫人自然会实情相告。虚虚实实，转换自如，毫不唐突。

（3）用轻松幽默的玩笑话说实事

轻松幽默的话题，往往能引起感情上的愉悦；庄重严肃的话题会使人紧张慎重。只要有可能，最好能把庄重严肃的话题用轻松幽默的形式说出来，这样对方可能更容易接受。

一个年轻打工者在一家外资企业打工，在较短的时间内，连续两次提出合理化建议，使生产成本分别下降30%和20%。大鼻子老板非常高兴，对他说："小伙子，好好干，我不会亏待你的。"

这青年当然知道这句话可能意义重大，也可能不值一文。他想要点实在的，便轻松一笑，说："我想你会把这句话放到我的薪水袋里。"洋老板会心一笑，爽快应道："会的，一定会的。"不久他就获得了一个大红包和加薪奖励！

面对洋老板的鼓励，青年人如果不是这样俏皮，而是坐下来认真严肃地提出加薪要求，并摆出理由若干条，岂不大煞风景，甚至适得其反。

（4）绕个弯子套对方说话

有时，一些话自己说出来显得尴尬，这时，诱导对方先开口无疑是上上之策。

王某准备借助于好友赵莱的路子做笔生意，在他将一笔巨款交给赵某的第二天，赵某暴病身亡。王某立刻陷入了两难境地；若开口追款，太刺激赵某的未亡人；若不提此事，自己的局面又难以支撑。

帮忙料理完后事，王某是这样对赵夫人说的："真没想到赵哥走得这么早，我们的合作才开始呢。这样吧，嫂子，赵哥的那些关系户你也认识，你就出面把这笔生意继续做下去吧！需要我跑腿的时候尽管说，吃苦花力气的事情我不怕。"

看他，丝毫没有追款的意思，还豪气冲天，又挺感人，其实他明知赵妻没有能力也没有心思干下去。话中又加上巧妙的提醒：我只能跑腿花力气，却不熟络那些门路，困难不小又时不我待。

结果呢？赵妻反过来安慰他道："这次出事让你生意上受损失了，我也没法干下去，你还是把钱拿回去再找机会吧。"

（5）客客气气引人说话

托人办事既然有求于人，因此开口说话就需要客气一些，这样别人心情就会愉悦，谈兴更浓。那么，怎么说话才算客气呢？以商量的口气把要办的事说出来，如："能不能快点把这事给办一下？……这事给办一下是不是可以？"

装作自己没把握，把请求、建议等表达出来，给对方和自己留下充分的退路。例如，你可能不愿意去，不过我还是想麻烦你去一趟。

在向别人提出建议时，如果在话语中表示人家可能不具备有关条件或意愿，那就不要强人所难，自己也显得很有分寸。先提出部分要求，以便对方顺利接受，然后再步步深入。例如，你帮我解决这一步就可以了，其余的我自己想办法。

我们确实经常发现，人们在提出某些请求时往往会把大事说小，这并不是变着法儿使唤人，而是适当减轻给别人带来的心理压力，同时也使自己便于启齿。

谦逊便是礼貌，通过抬高对方、贬低自己的方法把有关请求等表达出来，显得彬彬有礼、十分恭敬。例如，您老就不要推辞了，弟子们都在恭候呢！

请求别人帮助，最为传统有效的做法是尽量表示真诚，使人家感到备受尊重，乐于从命。

有些事要先把问题的难度说出来，让人觉得你是不得已而为之，明知自己知道不该说但还得说。例如，真不该在这时候打搅您，但是实在没有办法，只好麻烦您一下。我知道你手头也不宽裕，不过实在没办法，只好向你借一借。

如果把托人办事的原因说出来，向对方交个底，就会引起对方的好感，令人欣然接受。例如，隔行如隔山，我一点儿也不知道人家那边的规矩。你是内行，就帮我个忙吧！

如果，表示请求对方谅解，然后再把自己的愿望或请求等表达出来，以免过于唐突，则说起来更让人觉得容易接受。例如，恕我冒昧，这次又来麻烦你了。请求别人原谅，这是礼貌语言交际最有效的方法。人们常常使用这种方式来进行交流，显得比较友好、和谐。

在求人办事的过程中，是否能够随机应变巧转话题是谈话愉快进行的关键。只要能够随机应变，巧转话题，就能收到预期的效果。

【鬼谷子的"诡"点子】

在做任何事情的时候，碰到困难，我们不妨绕个弯，有句话说得好"条条大路通罗马"，不能凡事钻牛角尖，那样，既浪费了时间，又会浪费了精力和体力，到头来还一无所获！

天变了，人应变

【古语阐"道"】

言往者，先顺辞也；说来者，以变言也。善变者审知地势，乃通于天，以化四时，使鬼神，合于阴阳，而牧人民。见其谋事，知其志意。事有不合者，有所未知也。合而不结者，阳亲而阴疏。事有不合者，圣人不为谋也。

【今言说"道"】

凡是谈论过去的事情，要先顺畅言辞；凡是谈论未来的事情要采用容易变通的言辞。善于变化的，要详细了解地理形势，只有这样，才能沟通天道，利用四季变化，驱使鬼神，合于阴阳变化，牧养人民。要了解君主谋划的事情，要知晓君主的意图。所办的事情凡有不合君主之意的，是因为对君主的意图留于表面亲近，而背地里还有距离。如果与君主的意见没有吻合的可能，圣人是不会为其谋划的。

【案例延伸】

胡雪岩曾有名言："天变了，人应变。"意思是指时势时局变了，人也应做出相应的变化与调整以顺应时局。

动荡识忠臣，日久见人心。这话是说，唯有改朝换代，政权交替之际，才能看出平常忠字当头、口号震天的臣子里，谁是真忠臣，谁是假忠臣。可惜的是，历史的实证经验显示，有拥抱当权者大腿习惯的家伙，通常都是有奶便是娘，只要当权者换了面孔，他们就换着大腿抱。这种策略被胡雪岩熟练地运用于自己的生活、生意中去。

胡雪岩做事总是随时而变，见机行事，急缓相宜。生意场上，充满了搏杀，也充满凶险，往往一着不慎，满盘皆输。而且生意越大越难以照应，也就越容易出现疏忽。因此，驰骋于生意场上，不能恃强斗狠，也不能大意粗心。一事当前谋定后动，未雨绸缪，是生意人一定要记取的。

杭州被太平军团团包围，王有龄遵地方官"守土有责"的惯例，率杭州军民坚守孤城，终至粮草尽罄，断粮达一月之久，连药材南货，比如熟地、黄精、枣栗、海参之类，都拿来做了充饥之物，再后来就是吃糠、吃皮箱、吃草根树皮，最后已经到了割尸肉充饥的地步。胡雪岩冒死出城，到上海买得一船救命粮，运至杭州城外的钱塘江面，无奈进城通道已经完全断绝，城内城外相望而无法相通。在经历了三天度日如年、寝食俱废的等待之后，胡雪岩终于同意让陪他一起到杭州送粮的萧家骥冒险进城，向城中通个消息，并商量一下，看能不能找到将粮食抢进城中的办法。萧家骥出发之前，胡雪岩问他如何到对岸，如何进得杭州城去，遇到清朝和太平军双方的人又如何应对。对于这些至关重要的问题，萧家骥其实想都没想，以他的意思，这种情况下，原本只能见机行事碰运气。但胡雪岩不同意只是去见机行事碰运气，他对萧家骥说了上面引在题下的那段话，并且为他筹划了细致的应对方案，才放他出发。胡雪岩说："这时候做事，不能说碰运气，要想停当了再动手。"他这里说的"这时候"，自然不是指商事运作的时候，不过，他所说的危急时刻"不能说碰运气，要想停当了再动手"其中包含的道理，用于商事运作却也是极为恰当的。其实，做生意许多时候遇到的情况与萧家骥此时冒险进城也非常相似：救命大米费尽辛苦已经运到城外，绝没有无果而返的道理。而要事情有一个结果，就必须冒这一次险。当时的情形是，城外的人对城内的情况一无所知，城外有重重围兵，抓住想要与城中守军互通消息的人，一定会予以重罚，弄不好还会杀头。而被围的人此时实际上也已成惊弓之鸟，萧家骥在城中没有一个认识的人，加以这个时候又不能写一个能够证明他的身份的文书信函之类的东西带在身边，进得城去也有可能被当成奸细。也就是说，无论是落入围兵之手，还是进得城去，应对稍有差错，都会性命不保，更不用说完成此行的任务了。萧家骥此行，实在吉凶难卜，最后结果只能等到最后才能见分晓。生意场上何尝不是如此！做生意许多时候也必须冒险，要赚大钱常常还要冒大风险。比如大着胆子投资一桩生意，这笔钱投下去，究竟是带来大笔的进账，还是血本无归，总是很难预先清清楚楚地知道的，常常也必须是等到最后才能见分晓。人们常常用战场比喻商场，把冒险投资比喻为"押一宝"，就在于它们之间确实是十分相似，战场、赌场、商场，它们都是瞬息万变、险象环生且吉凶难卜，偶一疏忽往往就因一着不慎而满盘皆输，而且一桩生意的疏忽常常还不仅仅是一桩生意的失败，而是牵一发而动全身，导致全面崩溃。比如胡雪岩对自己钱庄和典当生意的失察疏忽，导致的后果就是一动而全动，一倒而全倒，终至无救。

所以，一个在商战中纵横搏杀的人，必须时刻注意既要胆大还要心细，必须时刻注意提醒自己，要谋而后动，"想停当了再动手"。

如果这些问题"想停当"了，自然也就不妨大胆动手了。

对于搏战于生意场上的人，要学会等待。等待，也就是等待成就一件事成功的机会，等待能成功的可乘之势。也就是说，做事情不可急躁，条件具备时要稳扎稳打，一步一步去做，条件不具备时，则要当缓则缓，当停则停，待条件成熟之后再做。

胡雪岩第一桩生丝生意的运作成功，就可以说是事缓则圆，在等待中寻找战机，得以成功的范例。胡雪岩在湖州收到新丝运到上海，就并没有急于脱手。就他当时的状况而言，他是应该尽快脱货求现的，因为他的钱庄刚刚开张不久，并没有多少可以周转的资金。但他仍然将这批生丝囤积起来。他没有将这批生丝马上脱手的原因，除了洋商开价不够理想之外，更重要的是他要联合同业控制洋庄市场的条件还没有成熟，他运到上海的生丝数量很少，实力还不足以与洋商讨价还价，他必须联合同业才能与洋商抗衡。因此，即使自己暂时压下一笔资金，他也不愿意让自己的筹划落空。他要等待，用他的话说，就是"事缓则圆，不必急在一时"。

商事运作中，经营者的主动性自然是很重要的，优秀的商人要懂得从不同的角度来利用已有的条件，甚至要善于在各种因素不利于自己的时候，设法改变不利因素，使之对自己有利。这就是我们常说的所谓创造条件。

不过，商事运作中所需要的各种条件，有些是可以创造的，比如胡雪岩要控制洋庄市场必须有联络同行的条件，就可以通过自己的努力来创造，但有些却往往是人力无法创造的，比如在大多数情况下，政局的变化、市场的整体格局，就并不是一个或几个生意人所能决定的。这时候所能做的，往往也只能是等待。这正如古人所说的天时、地利。许多时候，地利我们可以主动选择并加以改造，但天时便往往无法主动选择更无从改造。"草船借箭"中诸葛亮当着孙权与周瑜立军令状时，仍然要了三天的暂缓期限，就是因为他所设计的"借"箭必须有一个江雾弥漫的天气。这既是能不能"借"到箭的关键性条件，又是一个凭人力无法创造的条件。诸葛亮知道三天之后才有一个这样的天气，此时他唯一能做的只能是两个字：等待。

有时，我们为一桩生意的成功作出了极为周密的计划，我们也明知道按照计划运作下去一定会得到预期的成果，甚至在初步运作中我们已经收到了初步的效益。但可能就在这个时候，情况突然出现某种变化，原本可以依凭乘借的大势消失了，而且任凭我们如何努力，也终究是人力无法挽回，这时我们所能做的，也只是等待——在耐心的等待中静观形势的变化，在静观形势变化中等待新的机会的到来。这个时候如果不计后果，仅凭意气一心求快，最后，结果一定是如孔子所说："欲速则不达。"

商事运作，应该学会等待，甚至退让。该等则等，许多时候，冷静的等待其实正是最明智的选择；当退则退，许多时候，退让本身就是求进所必须经过的过程。会等待，知避让，才是真懂进取。从这一角度看，"事缓则圆，不必急在一时"；实在包含了一种深刻的商事乃至人事的辩证法，优秀的生意人不能不懂得这种辩证法。

做事没有轻重缓急，就好比"驼子跌跟头，两头落空"，自然是智者不会做的。

胡雪岩确实特别注意不做"驼子跌跟头"的事，直到他面临彻底破产、倒闭的最后关头，这一点也是他处理事情的一条重要原则。比如在官府将要查封他的家产的时候，螺蛳太太想要为他匿下一些财产，以做东山再起的资本，他就坚决不同意。之所以如此，当然有他"杭铁头"的性情在起作用，但不能"驼子跌跟头"实际上也是一个重要的原因。在胡雪岩看来，采取这种手段为自己留下资本，就如赌场赖账，赌本是留住了，名声却也臭了，从此连赌场的门都进不了，哪里还有东山再起？既无法东山再起，又坏了名声，如此"驼子跌跟头"，还不如留下一段好名声。

总的来说，胡雪岩避免"驼子跌跟头"的考虑，其实关键也就是两点：首先，当处于两难甚至多难境遇的时候，要先分出孰轻孰重，孰急孰缓。在作选择的时候，较轻的事情，可以缓缓的事情当然是先丢开再说。其次，要行事果决，不能优柔寡断。特别是在两件事情一时难以分出轻重缓急又难以两全的时候，这一点尤其重要，因为这个时候最容易犹豫不决。其实，想一想我们就会明白，两件事情都重要，哪件事都是必要的，既然不能两全，那就不如索性放弃一件，全力做好另一件，至少做成一件总比在犹豫不决中两件事情都耽误，或者两件都做而一件都做不好要划算得多。

"时易人亦变"，是胡雪岩一步步走向成功与辉煌的一个重要捷径。

【鬼谷子的"诡"点子】

要想成功，就必须看清形势，认清形势的发展。根据形势来改变自己的策略，才能一步步迈向成功。

找好对象，正确发言

【古语阐"道"】

故远而亲者，有阴德也。近而疏者，志不合也。就而不用者，策不得也。去而反求者，事中来也。日进前而不御者，施不合也。遥闻声而相思者，合于谋待决事也。故曰：不见其类而为之者，见逆。不得其情而说之者，见非。得其情乃制其术，此用可出可入，可楗可开。故圣人立事，以此先知而楗万物。

【今言说"道"】

所以说，与君主相距很远却被亲近的人，是因为能与君主心意暗合；距离君主很近却被疏远的人，是因为与君主志向不一；就职上任而不被重用的人，是因为他的计策没有实际效果；革职离去而能再被反聘的人，是因为他的主张被实践证明可行；每天都能出入君主面前，却不被信任的人，是因为他的行为不得体；距离遥远只要能听到声音就被思念的人，是因为其主张与决策都相合，正等他参加决断大事。所以说，在情况还没有明朗之前就去游说的人，定会事与愿违。在还不掌握实情的时候就去游说的人，定要受到非议。只有了解情况，再依据实际情况确定方法，这样去推行自己的主张，既可以出去，又可以进来；既可以进谏君主，坚持己见，又可以放弃自己的主张，随机应变。圣人立身处世，都以自己的先见之明来议论万事万物。

【案例延伸】

说话，要懂得什么时候说什么话；说了，还要为自己说过的话负责。

因此，察言观色才能够让我们的沟通更为顺利，避免各种不必要的麻烦。

西汉初年，汉高祖刘邦打败项羽，平定天下之后，开始论功行赏。这可是攸关后代子孙的万年基业，群臣们自然当仁不让，彼此争功，吵了一年多还吵不完。

汉高祖刘邦认为萧何功劳最大，就封萧何为侯，封地也最多。但群臣心中却不服，私底下议论纷纷。

封爵授禄的事情好不容易尘埃落定，众臣对席位的高低先后又群起争议，许多人都说："平阳侯曹参身受七十次伤，而且率兵攻城略地，屡战屡胜，功劳最多，应当排他第一。"

刘邦在封赏时已经偏袒萧何，委屈了一些功臣，所以在席位上难以再坚持己见，但在他心中，还是想将萧何排在首位。

这时候，关内侯鄂君已揣测出刘邦的心意，于是就顺水推舟，自告奋勇地上前说道："大家的评议都错了！曹参虽然有战功，但都只是一时之功。皇上与楚霸王对抗五年，时常丢掉部队，四处逃避，萧何却常常从关中派员填补战线上的漏洞。楚汉在荥阳对抗好几年，军中缺粮，也都是萧何辗转运送粮食到前线，粮饷才不至于匮乏。再说，皇上有好几次避走山东，都是靠萧何保全关中，才能顺利接济皇上的，这些才是万世之功。如今即使少了一百个曹参，对汉朝有什么影响？我们汉朝也不必靠他来保全啊！你们又凭什么认为一时之功高过万世之功呢？所以，我主张萧何第一，曹参居次。"

这番话正中刘邦的下怀，刘邦听了，自然高兴无比，连连称好，于是下令萧何排在首位，可以带剑上殿，上朝时也不必急行。

而鄂君因此也被加封为"安平侯"，他凭着自己察言观色的本领，能言善道，舌灿莲花，享尽了一生荣华富贵。

孔子说："巧言令色，鲜矣仁。"但是，在这个时代，不巧言，不令色，并不能彰显你的仁德，有时反而凸显你的不识时务。

人们的言与色有时是简单外露的，对它的体察是容易的；有时是复杂隐蔽的，对它的体察就比较困难。一般来说有以下几点应注意。

首先，性格定向和语言定位。社交中的察言观色，说到底是对对方言谈举止、神态表情的微妙变化及其含义进行捕捉和判断，是一个"由表及里"的过程。

性格定向和语言定位，是这个过程的第一步。

性格定向就是通过对其表情、言语、举止的观察分析，掌握其性格类型。你可以甩出一两个对方很敏感的问题，静观一下他的反应方式和程度。值得注意的是，这种观察一定要细致入微，千万不要因为对方看上去似乎毫无反应，就断定他是傻瓜，正如看了悲剧，有人流泪，有人木然，你不能说木然的人就没有被感动。在摸透了对方性格类型之后，就要设法捕捉最能反映他思想活动的典型动作和典型部位，也就是"语言点的定位"。眼、手、腿、脚、身体每一部位的肌肉，都可能是"语言点"的所在。

有些现象的含义人们是很清楚的。如腿的轻颤，多是心情悠然的表现；双眉倒竖，二目圆睁，是愤怒的特征；而微蹙眉头，轻咬嘴唇，则是思索的含义。另外还应该特别注意对方的手，尽管许多人可以巧妙地掩饰许多东西但还是存在一些普遍性的动作。如愤怒时握紧双拳，或是将纸烟、铅笔之类的东西捏坏，甚至可能两手发颤；兴奋紧张时，双手揉搓，或者简直不知道该把手放在什么地方；思索时，手指在桌面、沙发扶手、大腿等地方有节奏地轻敲；等等。

其次，抓住"决定性瞬间"。任何一个人，对自己神情的掩饰都不可能达到绝对的滴水不漏。关键问题是，你在对方错综复杂的神情变化中，能否准确判明哪一个变化是决定性的。对于机智的人来说，其弥补失误的本领也是异常高超的，他不可能让你长时间地洞悉到他的破绽。

因此，时机对你非常宝贵。至于究竟什么才是这种"决定性瞬间"的具体显现，怎样才能将其判明并抓住？那只能具体情况具体分析，凭借你的经验和感觉来定夺，无固定模式可循。

最后，主动探察。察言观色，不能理解为被动式的冷眼旁观。

事实上，主动进攻，采用一定的方式、手段去激发对方情绪，才是迅速、准确把握对方思想脉络的最佳途径。这里包括以下几点。

一是闲谈探底。即在触及正题之前，漫无边际地谈些与正题无关的话，目的在于观察对方的兴趣、爱好、习惯和学识等情况，如果对方感到厌倦，那么你的漫谈还可起到扰乱其心绪的作用。

二是施放诱饵。你可以若有若无地用一些对对方具有吸引力的话题，判断出对方的心中听想，摸清对方神情变化及心理活动的一般特点。

三是激将法。你可用一连串的刺激性问题攻击对方，使其兴奋，进而失去对自己情绪的控制；你还可以做出一些高傲、看不起对方的姿态，对他的自尊造成一种威胁，激发他的情绪。

四是逆来顺受。当你没有吃透对方的脾性时，在不违反大原则的情况下，不妨先逆来顺受，等待对方暴露更多的信息，你再对症下药，对方自然会心悦诚服地接受你。

【鬼谷子的"诡"点子】

说话要看清对象，找好了对象，接下来就是了解对象，了解了对象，就会知道什么该说，什么不该说，那样，说话就能确保万无一失了。

处好关系，巩固团结

【古语阐"道"】

由夫道德仁义，礼乐忠信计谋，先取诗书，混说损益，议论去就。欲合者用内，欲去者用外。外内者，必明道数。揣策来事，见疑决之。策无失计，立功建德，治名入产业，曰楗而内合。

【今言说"道"】

其先之明来源于道德、仁义、礼乐和计谋。首先摘取《诗经》和《书经》的教诲，再综合分析利弊得失，最后讨论就任还是离职。要想与人合作，就要把力量用在内部，要想离开现职，就要把力量用在外面。处理内外大事必须明确理论和方法，要预测未来的事情，就要善于在各种疑难面前临机决断，在运用策略时要不失算，不断建立功业和积累德政。善于管理人民，使他们从事生产事业，这叫作"巩固内部团结"。

【案例延伸】

从前，有两个饥饿的人得到了一位长者的恩赐：一根鱼竿和一篓鲜活硕大的鱼。其中，一个人要了一篓鱼，另一个人要了一根鱼竿，于是他们分道扬镳了。得到鱼的人原地就用干柴燃起了篝火煮起了鱼，他狼吞虎咽，还没有品出鲜鱼的味道，就在转瞬间连鱼带汤吃了个精光。不久以后，他便饿死在了空空的鱼篓旁边。另一个人则提着鱼竿继续忍饥挨饿，一步一步艰难地向海边走去。可当他已经看到不远处那片蔚蓝色的海洋的时候，他浑身最后的一点力气也使完了，他也只能眼巴巴地看着海洋，带着无尽的遗憾撒手人寰。

又有两个饥饿的人，他们同样得到了一位长者恩赐的一根鱼竿和一篓鲜活硕大的鱼。但是他们没有各奔东西，而是商定共同去寻找大海，他们俩每次只煮一条鱼，他们历尽千辛万苦，经过漫长而又遥远的跋涉，终于来到了海边。从此，他们两个人开始了捕鱼为生的日子，几年后，他们盖起了房子，有了各自的家庭、子女，有了自己建造的渔船，过上了幸福安康的生活。

罗曼·罗兰说过："有了朋友，生命才显示出它全部的价值。'智慧'和'友爱'是照明我们黑夜的唯一的光亮。"确实，人们常说："在家靠父母，出门靠朋友。"故事中后两个人之所以在极端困苦的情况下能够生存下来，并最终过上幸福的生活，靠的不是别的，而是相互间的支持，靠的是相互交朋友。

黄巾造反乱时，刘关张邂逅相逢，桃园结义，成就了千古美名，也奠定了蜀汉王朝的根基。其时，刘备虽是汉宗室但与皇帝关系极远，已落得个流浪街市，贩席为生。张飞只不过是个屠夫，粗人一个。关羽杀人在逃，无处立身。三人结义后，彼此借重，相得益彰。此后三分天下，刘备成为皇帝，关张也成了开国元勋，朝廷重臣。董卓之乱时，吕布何等英雄，刘关张三人也不过与他堪堪打个平手。但他匹夫无助，枉自豪勇，最终被曹操所杀。

西汉刘邦出身低微，学无所长。文不能著书立说，武不能挥刀舞枪，但他天生豪爽，善于结交人，胆识无双。早年穷困潦倒时，他身无分文，却敢独坐上宾。押送囚徒时，居然敢私违王法，纵囚逃散。斩白蛇起义后，因为能够善待能人，许多豪杰之士都投奔于他。像韩信、彭越、英布等威震天下的悍将，原先都是他的死敌项羽的人。而萧何、曹参、张良等也是他早先的友人。而正是这些人，帮助他成就了帝王之业。

"嘤其鸣矣，求其友声；相彼鸟矣，犹求友声；矧伊人矣，不求友声。"帝王将相成就霸业需要借助他人之力，平民百姓更是如此。一个人在社会上打拼，仅凭一己之力，是很难有大的成就的。因为一个人的力量毕竟太有限了，就算你浑身是铁，也打不成几个铁钉。这一点微薄之力甚至连自己都保护不了，又怎么能和别人竞争呢？而真正的友谊，能够产生巨大而神奇的力量。

马克思和恩格斯之间的革命友谊是人类历史上最光辉、最动人的友谊。马克思的女儿爱琳娜说，她父亲和恩格斯的友谊，像希腊神话中达蒙和芬蒂阿斯的友谊那样，成为了一种传奇。马克思与恩格斯之间的友谊，从青年延续到老年，跨越了整整40年。他们情同手足、亲密无间、互相尊重、互相信任。两人共同创立了科学社会主义理论，领导了无产阶级革命运动。他们所取得的每一项伟大成就，都是共同的艰苦劳动和崇高友谊的结晶。这种友谊鼓舞他们克服一切悲痛和困难去为共同的事业努力奋斗。马克思中年丧子，这是马克思一生中最伤心的事。他在给恩格斯的信中写道："在这些日子里，我之所以能忍受这一切可怕的痛苦，是因为时刻想念着你，想念着你的友谊，时刻希望我们两人还能够在世间共同做一些有意义的事情。"

【鬼谷子的"诡"点子】

俗话说：一个篱笆三个桩，一个好汉三个帮。好汉需要帮手，离开了桩子也就没有了篱笆。孔子用"独学而无友，则孤陋而寡闻"教育弟子，法国用"人生没有朋友，恰似生命中没有太阳"的谚语警示世人。无数的事实告诉我们，要想活出点味道，干出点名堂，朋友是必不可少的。

认清情况，随风而"倒"

【古语阐"道"】

上暗不治，下乱不寐，楗而反之。内自得而外不留，说而飞之，若命自来，已迎而之。

【今言说"道"】

如果上层昏庸不理国家政务，下层纷乱不明为臣事理，各执己见，事事抵触，还自鸣得意；不接受外面的新思想，还自吹自擂。在这种情况下，如果朝廷诏命自己，虽然也要迎接，但又要拒绝。

【案例延伸】

曾国藩凭着自己几十年的仕宦生涯，对封建社会官场的险恶看得最清楚，深知一入仕途人则毫无"自由"，即使是一只猛虎，也只能变成犬鼠可欺的可怜虫了。韩非子"寓言"中就有"伏虎于匣"一节，意思是说老虎在深山，在野兽中称王称霸，一入牢笼就会摇尾巴乞求同情，不论"虎性"是否改变，都不能不屈服于现实。为虎设笼不是为了防备老虎，而是要让虎入牢笼，使那些害怕老虎的人能够制伏老虎。但是，几千年学而优则仕的传统谁能改变得了？更何况，一个有抱负的人不借助权力可以说是毫无作为的。因此，出——进官场之局，处——居江湖之远，就十分难以决断了。

曾国藩自己对出处之际虽然感到难以决断，但凭他的老到经验还是能够掌握火候的。这里说的是对其九弟曾国荃出处之疑的安排，可见曾国藩的韬晦。

曾家兄弟为大清朝把老命搭上了好几条，尤其是曾国荃攻下太平天国天京（今南京）城，用曾国藩的话说是千古以来最艰难的一次攻坚战。攻占南京后，曾家成为大功臣，按曾国荃的设想，清廷应功高厚赏，自己该做个总督巡抚，享享清福了。可是，清政府对这位敢作敢为的曾九最不放心，曾国荃虽读过几年书，但学识浅薄，急功好利，老饕之名满天下，尤其处死李秀成后一时成为众矢之的。同时，清政府对他也最不放心，欲其速离军营而不令其赴任浙江巡抚。

曾国藩无奈，只好以病情严重为由，奏请曾国荃不就浙江巡抚缺，回乡调理，以避开舆论的锋芒，解除清政府的这块心病。不出曾国藩所料，这一奏请正合那拉氏的心意。曾国藩1864年9月27日出奏，10月5日即获批准，并赏给曾国荃人参六两，以示关怀。这本来是曾国藩的韬晦之计，暂时退避正是为了永久保住他们的既得利益。然而，曾国荃在曾国藩移驻江宁那天，当着满堂宾客大发怨言，致使曾国藩狼狈万状，无地自容。为了开其心窍，曾国荃四十一岁生日那天，曾国藩除派赵烈文专门劝慰外，还特写七绝十二首为他祝寿。据传，当曾国荃读至"刮骨箭瘢天鉴否，可怜叔子独贤劳"一句时，竟放声大哭，以泄胸中抑郁之气。11月2日曾国荃带着满腹委屈和怨愤返回湖南，由于怨气仍未平消，终致大病一场。

是年11月初，曾国荃迫于清廷的压力回籍养病，从南京启程归湘。多年征战在外，此时退隐乡间，本是休养身心的最好时机，但曾国荃是个不甘寂寞的人，尤其是对于清廷有意牵制曾氏兄弟的举措表示不满，不时流露出怨恨之情。曾国藩老谋深算，一再嘱咐曾国荃不要轻易出山，时局严重，不必惹火烧身，最好在家静养一年。如他在1865年4月的家书中指出："有见识的人士和相爱的朋友大多奉劝弟弟暂缓出山。我的意思也是让弟弟多调养一段有病的身体，在家闭门三年，再插身而出，担当天下的艰巨大任。"进一步，他又在其他书信中具体安排曾国荃如何打发时光的计划。一是修身养性，不要干预湖南地方事务；"弟弟平素的性情就是好打抱不平，发泄公愤，同时又对朋友情谊深厚，非常仗义，这个时候告病在家，千万不要对地方公事干预丝毫。"二是趁休闲之际补攻讲求诗文奏议之学；"弟弟以不善作文章而为深深的耻辱……眼下用力于奏议文章的学习，也应当稍稍具备当年发扬拼命的那种精神。"在另一封信中，他又嘱咐曾国荃趁空闲时间，读些有关文史方面的好书，以加强自身的学识素养。同时，又寄去历年所写日记，希望曾国荃等明白他在外受苦，即所谓"近来衰惫之状"，以使他更加安心在家教育侄辈读书做人。在曾国藩的耐心开导之下，曾国荃耐着性子终于在湖南老家待了一年多时间，清政府曾诏谕他出任山西巡抚，他硬坚辞不受。于1866年2月下旬，清政府又颁诏命曾国荃改任湖北巡抚，并帮办"剿捻"军务。此时，曾国藩认为时机已成熟，力促曾国荃出而任事："惟决计出山，则不可再请续假，恐人讥为自装身份太重。余此信已为定论下次不再商矣"；"君恩过厚，无令外人疑为装腔作势也"。于是，曾国荃决定再度出山。

【鬼谷子的"诡"点子】

做什么事情都要顺应时事，"顺势者昌，逆势者亡"，聪明的人不会逆风而行，聪明的人会见风使舵，永远让自己的航船朝着对自己有利的方向前进！

卷四　鬼谷箴言，抵巇之道

　　在这一卷中，鬼谷子主要讲了怎样消除人与人之间隔阂的方法。巇，本以为缝隙，但往更深一层延伸的话，就是潜在中的矛盾，或者是你容易忽视的问题。在本卷中，鬼谷子这样说，"物有自然，事有合离"，在事"合离"的过程中，肯定会出现这样那样的巇。预测巇的发展，及时消除它带来的影响，这就是抵巇。

细致入微，防患未然

【古语阐"道"】

物有自然，事有合离。有近而不可见，有远而可知。近而不可见者，不察其辞也；远而可知者，反往以验来也。

【今言说"道"】

万物都有规律存在，任何事情都有对立的两方面。有时彼此距离很近，却互相不了解；有时互相距离很远，却彼此熟悉。距离近而互相不了解，是因为没有互相考察言辞；距离远却能彼此熟悉，是因为经常往来，互相体察。

【案例延伸】

"骄兵必败"，军事上许多失利往往由"骄"字而生。许多人经受得了失败的打击，却受不了胜利的冲击，取得了一点胜利，就忘乎所以，结果由胜转败，留下了遗憾。

明朝人周承邦在其所著的《兵家要径》中说过这样一段话："骄则自高其功，自神其智，自矜其勇，不忧其寇，不惜其下，忠言逆耳，良士疏斥，战则轻进，守则弛备。敌窥其意，故卑其辞而隆其礼，佯为败而示其怯……使我将骄卒惰，方始乘之。"他详细地分析了兵家因骄而败的规律。骄兵所以必败，因为轻忽，战则轻进，守则弛备，所以易为敌人所乘。

曾国藩深悉骄者必败的道理，他总结说，古今有才华而败者，离不开一个"骄"字，平庸的人败，离不开一个"惰"字。他又说，古来凶德致败，不过二端，一为长傲，一为多言。不仅用兵如此，做人、为官、处世，无不如此。同治六年（1867），他总结了僧格林沁剿捻惨败身亡的教训，认为是由于僧格林沁视敌太易，心生骄气，故轻兵急进而致败。他告诫湘军将领蒋益澧说："从古兵事，多败于轻忽。前此僧邸所部轻视此贼，而良马多被贼夺，近日湘、淮各军轻视此贼，而洋枪又多被贼夺……"

不过，有些将领还是未听曾国藩所劝，轻易出兵，接连有郭松林遇伏，所部损失大半，张树珊、彭毓橘兵败身死的教训。

曾国藩因遭遇过太多的失败，所以性格日趋谨慎。他认为，"慎"字是治疗骄病的良方，可以使人立于不败之地。他曾对心腹幕僚李榕说过：

"用兵久则骄惰自生，骄惰则未有不败者。"勤"字所以医惰，"慎"字所以医骄……以"诚"字为之本，以"勤"字、"慎"字为之用，庶几免于大戾，免于大败。"

以"慎"字医"骄"，曾国藩主张用兵以稳慎为基础，得一"稳"字诀，使自己立于不败之地。他在给吴国佐的信中说：你部新集中的部队，宜合不宜分，应当在徽州坚筑营垒，戍守城垛，"以'立于不败'四字为主"，如果没有十分把握，只能专保郡城，不可轻易出击。但吴国佐自以为善于用兵，没有听曾国藩的劝告，轻出应敌，惨败而归。

曾国藩坚决反对单兵轻进，认为这是轻敌致败之兆。他主张合兵一处，因为合兵就像握紧的拳头，势力既强，可战可守，可进可退。而如果分兵，就像五指张开，虽然灵活，但力量分散，易于受伤。为此，他主张在兵力不足时，宁可合兵坚守一处最重要的地方，放弃其他次要的地方。这一稳扎稳打的战略，后来被总结为湘军致胜的秘诀。

曾国藩的谨慎并非胆小怕事。谨慎为他赢得了深思熟虑的时间和余地，也为他避免太多的失败提供了保障。他不仅用兵谨慎，为官同样谨慎，戒骄戒躁。咸丰十年，鲍超因功由总兵升为提督，露出骄傲的情绪，曾国藩立即写信告诫说：

"凡做人，当如花未全开月未圆满之时：花盛则易落，月满则必缺，水满则易倾，人满则招损。贵镇统师日多，声名太盛，宜常存一不自满之心，庶几以谨厚载福。"

此处所谓谨厚载福，即是说以谨慎纠自满之弊，才可保福避祸。一年后，曾国藩又给鲍超写信，重述了一遍，将这番道理归纳为"小心大度"四字。其中"小心"，即指谨慎，用以防止骄傲、轻忽。甚至对得意弟子李鸿章，他也如此告诫过。

【鬼谷子的"诡"点子】

曾国藩用兵由败转胜，为官常保不败，为后人所称美。实则其根本一条，就是"慎"字诀。民国著名清史学家萧一山在《清代通史》中就做出过这样的断语："国藩以谨慎胜，宗棠以豪迈胜。"实在精当。

欲扫天下，先扫己屋

【古语阐"道"】

　　巇者，罅也。罅者，涧也。涧者，成大隙也。巇始有朕，可抵而塞，可抵而却，可抵而息，可抵而匿，可抵而得，此谓抵巇之理也。事之危也，圣人知之，独保其身；因化说事，通达计谋，以识细微。经起秋毫之末，挥之于太山之本。其施外兆萌牙孽之谋，皆由抵巇。抵巇之隙为道术用。

【今言说"道"】

　　所谓巇就是"瑕罅"，而"罅"就是容器的裂痕，裂痕会由小变大。在裂痕刚刚出现时，可以通过"抵"使其闭塞，可以通过"抵"，使其停止，可以通过"抵"使其变小，可以通过"抵"使其消失，可以通过"抵"而夺取器物。这就是"抵"的原理。当事物出现危机之初，只有圣人才能知道，而且能单独知道它的功用，按照事物的变化来说明整理，了解各种计谋，以便观察对手的细微举动。万事万物在开始时都像秋毫之末一样微小，力量发展起来就像泰山的根基一样宏大。当圣人将行政向外推行时，奸佞小人的一切阴谋诡计，都会被排斥，可见抵原来是一种方法。

【案例延伸】

　　要"扫天下"，还须从日常工作生活中的一件件有益的小事做起。这样才能抓住每一个可能改变我们命运的机会。

　　东汉时期，有一个少年名叫陈蕃，独居一室，而宅院龌龊不堪。他父亲的朋友薛勤批评他，问他为何不把居室打扫干净再来迎接宾客。他回答说："大丈夫处世，当扫除天下，安事一屋？"后人由此推演出"一屋不扫，何以扫天下？"。

"陈蕃现象"显然是不正常的。"一屋不扫，何以扫天下"这是问题的要害。诚然，一个人有远大的崇高的理想，这是很好的。但是，光有"扫天下"的理想，而不去做许许多多切实细致的工作，那么，他的理想只能是不切实际的幻想！因为任何事物都是由小到大，由微而著的，按一般规律而言，一个不肯干"小事"者，很难设想他肯干"大事"，只有平时乐于干"小事"的人，才有可能成就大事业。

凡事总是由小至大，必须按一定的步骤程序去做，正所谓集腋成裘。《诗经·大雅·思齐》篇中也有"刑于寡妻，至于兄弟，以御于家邦"之语，意思就是先给自己的妻子做榜样，推广到兄弟，再进一步治理好一家一国。试想，一个不愿扫一屋的人，当他着手办一件大事时，他必然会忽视它的初始环节和基础步骤，因为这对于他来说也不过是扫一屋之类的事情。于是这事业便如同一座没有打好地基的建筑一样，华而不实，那可真是"岌岌乎殆哉"了。

"千里之行，始于足下。""机遇只偏爱那些有准备的头脑。"这些都说明了没有平日的积累，纵然有最好的命运降临到他头上，他也只能手足无措地眼望它擦肩而过，那将是多么遗憾的事啊！所以我们必须先会"扫屋"，分清楚应先扫地还是先洒水，抑或是先拖地板；这样，在"扫天下"时，你才会知道哪些事是应该马上解决的，哪些事可以暂缓，甚至放弃。

我们敬爱的周总理堪称欲扫天下而先扫一屋的代表，他从小就立下了"为中华之崛起而读书"的宏伟目标。在他的青少年时代，学习成绩是一流的，社会活动是广泛的。他办过报纸，写过文章，做过洋洋万言的演讲，有过人的口才与机敏，这些对于他日后出任总理时展示雄才大略有相当大的影响。假若他没有当年脚踏实地的"扫地"工作，那么，当他面对一个6亿人口的泱泱大国，面对纷繁复杂的国内外局势，面对那些突如其来的天灾人祸，他能够当好日理万机的国家总理吗？这说明周总理"扫天下"的光辉革命业绩与他早年的"扫屋"工作是分不开的。

"扫屋"与"扫天下"一脉相承，殊不知屋也是天下的一部分，"扫天下"又怎么能排斥"扫一屋"呢？

在某大学的茶话会上，忽然电灯熄了，有的学生就利用这黑暗的空隙交谈起来。一个说："我是修大气物理的。"一个说："我在修生物工程。"另一个说："我在修国际贸易。"这时，背后突然传来训导长的声音："哪一位修保险丝。"可见，许多人口中夸夸其谈，而连修保险丝这样的小事都没人做，只见大事不从小事做起也就由此可以窥见一斑了。

当然，也有的人能从小事做起，把小事做细做好。有一位大学生毕业后，最大的梦想就是做一名翻译。她被分到英国大使馆，她很高兴。但是后来才知道，她担任的工作只是个接线员，一个被别人看不起的最没有前途的岗位，此时，她并没有自暴自弃，而是慢慢学着喜欢这个岗位。她把使馆所有人的名字、电话号码和工作都一一记在本子上，一有时间就默诵，她还记住使馆人员家属的电话和姓名，最后，还尽可能掌握大使馆人员的工作情况。当有电话打进来，她总是以最快的速度接听，要找外出的工作人员的，她会告诉对方他外出了，什么时候可能回来，而这些都是其他人做不到的，她快速、准确的服务不仅使使馆工作人员得到很多方便，而且当地许多政府部门的工作人员都对其赞不绝口。后来，大使也注意到这个工作努力的姑娘，每次外出工作时，都不忘告诉她。而且，在大使的推荐下，她成为英国一家著名媒体的翻译。而后她又以出色的表现成为美国驻华联络处翻译人员，并受到外交部的嘉奖。现在，她的身份是北京一所大学的副校长。

据世界心理测试协会测试，敢于从小事做起的人，往往胆子才是更大的，也才是不怕曲折，也最能忍耐，抗击打能力极强的。

【鬼谷子的"诡"点子】

放眼世界，许多大人物，许多成功的范例，当初都是从小事做起的，凡事不怕小的人，往往属于卧薪尝胆的人，也是最愿意以功夫说话的人，不怕小的人，大概才是什么都做得来的。

凡事谨慎，镇静自若

【古语阐"道"】

天下纷错，上无明主，公侯无道德，则小人谗贼，贤人不用，圣人蹿匿，贪利诈伪者作，君臣相惑，土崩瓦解而相伐射，父子离散，乖乱反目，是谓萌牙巇罅。圣人见萌牙巇罅，则抵之以法。

【今言说"道"】

天下动乱不止，朝廷没有贤明的君主，官吏们没有社会道德。小人谗言妄为，贤良的人才不被信用，圣人逃匿躲藏起来，一些贪图利禄，奸诈虚伪的人飞黄腾达，君主和大臣之间互相怀疑，君臣关系土崩瓦解，互相征伐，父子离散，骨肉反目，就叫作"轻微的裂痕"。当圣人看到轻微的裂痕时，就设法治理。

【案例延伸】

"静"这个字，时时刻刻都离不开它。门整天不断地关和开，而户枢却常静止着；漂亮和丑陋的面容天天在镜子前"流连"，而镜子却常常静止着；唯独有"静"才能制动。如果随波逐流，随着动而动，所要做的事就必定没有什么结果。即使在睡觉的时候，假如不保持宁静的心境，所做的梦也会乱七八糟的。

任何盲动不如不动，静，有时比动更有力量。以静制动也要根据具体情况，灵活运用。静观并不等于消极，相反还能造成某种气势，迫使对方就范，而自己便坐收其利。

清朝康熙年间有一名叫曹福的捕快，由于他长期在衙门担任缉捕盗贼的差役，累积了丰富的经验，难以破获的盗窃大案或人命凶杀案交给他，很快就能破获，因而曹福很受上级的器重和同事的尊重。

平时闲来无事，曹福就喜欢在外溜达，实际是在观察过往行人的行迹，从中发现可疑之处。

这天，曹福吃罢午饭，又在河堤上游逛。河中船舶如织，南来北往，好一派繁忙景象。这时，一条小舟靠岸了。这是一艘空船，船主将小船的缆绳拴在岸上的一块大石头上，然后就坐在石头上，掏出旱烟抽了起来。

曹福看了一会儿，立刻登上小舟，坐了下来。船主看见有生人上了船，立马跨上船来，催促曹福离开，曹福就是不走。船主说："你不走，我就要解下缆绳开船了。"曹福却笑着说："你开船吧，我愿意与你同行。"

船主还从来没遇到过这样的人，喝斥道："你这人真是岂有此理！为什么赖在我船上不走？"

曹福不紧不慢地说："因为你船上有异物，我要搜查。我是衙门捕快。"

船主听他这样说，走过去揭开舱板，怒气冲冲地对曹福吼道："你搜吧！"曹福也跟着过去一看，舱中空无一物。"这下你该上岸了吧！"船主说道。

谁知曹福并不挪步，继续说道："请把底板打开。"船主坚持不肯。曹福拿起一根铁锤，硬把底板撬开，发现底板下厚厚一层金帛。船主顿时傻了眼。曹福将其扭送衙门，经审讯船主是多年的老贼。

曹福似乎在漫不经心中拿获老贼，人们十分奇怪，问他凭什么发现船上有赃物的呢。曹福笑着说："其实这很简单，我看这船很小，船舱又未装什么货物，但它行驶在河中，风浪却不能使其波动；而船主在拴船缆时，牵拽也很是吃力，故我断定船夹底里一定有重物，一查果然如此。"

又有一次，城外田沟发现了一具尸体。死者不是本地人，像是外地商人，显然是凶手谋财害命。但案发后，凶手已逃之夭夭，县令严令捕快近日拿获凶手。其他捕快经过明察暗访，查不到丝毫线索，十分焦急，都想去请教一下曹福，可是曹福却不见了踪影。经过一番搜寻，大伙才在河堤边的一座茶馆里找到了他。曹福正临窗而坐，一边喝茶，一面注视着河中的情景。

"曹兄，你真有闲情逸致，坐在这儿品茗赏景，我们都急死了。"大伙不无埋怨地说道。

"急什么？来，来！坐下喝杯茶再说。"曹福招呼大家坐下，眼睛却始终不离河面。

大伙儿被他搞得莫名其妙，说道："河里有什么看头，除了船还是船。快给我们想想办法吧。"

正在这时候，河对岸有一艘大船开走了，原来被它遮住的一艘中等船呈现出来。这艘船上晒着一床绸被。曹福注视了一会儿，立刻把桌子一拍："凶犯就在那艘船上面！"

大伙儿来不及细问，都一齐向河边奔去，借了艘小船，很快地划到对岸，连船带人扣了下来，送往衙门。

经过审讯，船主终于招供：一个行商的人坐他的船时，他发现这人带了很多银子，于是起了歹心，夜间乘商人熟睡时把他杀了。然后将尸体抬到岸上，扔在田沟旁。

一桩杀人凶案就这样给破了。事后，大伙儿特地将曹福邀到那座茶馆，请他谈谈怎么就能一眼识别真凶。

曹福呷了一口茶，笑了笑说："干我们这一行的人，一是要累积经验，二是要善于观察。你们当时大概没有看到，那艘船船尾晒着一床新洗的绸被，上面苍蝇群集，这就有问题。大凡人的血沾上衣被等物后，血迹虽然能够洗去，但血腥味却很难一下子除净，所以招来苍蝇。那床绸被上有苍蝇，证明上面一定有血腥味，苍蝇又聚集了那么多，说明血腥味很浓，肯定沾了很多人血。如果不杀人，哪来这么多的人血？这是其一。其二，只要在船上待过，都应知道船家根本不用或极少使用绸被面的。况且，船家再富有，洗被子时也绝不会被子不拆就洗晒，而这个船主就将整床绸被子一起洗晒的，这不是盗来的又是什么？就凭这两点，我断定船主就是凶手。"

听到这里，大伙个个点头称是，无不佩服曹福的智慧和经验。

曹福就是凭着自己的经验和智慧，静静地观察，以静制动，但同时又从别人的"动"中发现问题所在，抓住凶手的。

【鬼谷子的"诡"点子】

以静制动的关键是我们要善于观察，于细微处发现对手破绽，最后攻其要害，达到自己的目的。静观其变抓痛脚，就是以静制动，即以己之"静"制伏敌之"动"。静不是绝对静止，而是静观、细察、周密思考，若遇强敌或突变，常须此计。

眼光敏锐，顺潮而动

【古语阐"道"】

世可以治，则抵而塞之；不可治，则抵而得之；或抵如此，或抵如彼；或抵反之，或抵覆之。五帝之政，抵而塞之；三王之事，抵而得之。诸侯相抵，不可胜数，当此之时，能抵为右。

【今言说"道"】

当世道可以治理时，就要采取弥补的"抵"法，使其得到弥合继续保持它的完整，继续让它存在下去；如果世道已坏到不可治理时，就用破坏的"抵"法，彻底把它打破，占有它并重新塑造它。或者这样"抵"，或者那样"抵"；或者通过"抵"使其恢复原状，或者通过"抵"将其重新塑造。五帝的圣明政治只能"抵而塞之"；三王从事的大事就是了解当时的残暴政治，从而夺得并重新建立政权。诸侯之间互相征伐，斗争频繁，不可胜数，在这个混乱的时代，善于斗争的诸侯才是强者。

【案例延伸】

成大事者知道只有嗅觉比别人敏锐才能抢先一步得到成功的机会，才能将自己的智慧发展到极致。那些感觉迟钝者则抢不到成功的先机，所以，终身碌碌无为。

李嘉诚指出，精明的商人只有嗅觉敏锐才能将商业情报的作用发挥到极致，那种感觉迟钝、闭门自锁的公司老板常常会无所作为。

李嘉诚认为，预谋制胜兵法在今天使用起来应该更为容易和方便，因为现代科技使得信息的传达非常迅速，人们能够很快地掌握最新的事件和新闻，所以，采取预谋制胜把握更大。

20世纪50年代初，李嘉诚在销售过程中特别注重黄金般的信息反馈，他从各种渠道得知，欧洲人最喜欢塑胶花。

在北欧、南欧，人们喜欢用它装饰庭院和房间，在美洲，连汽车上或工作场所也往往摆上一束塑胶花。在苏联，扫墓时用它献给亡者，表示生命早已结束，但留下的思想和精神是长青的。

于是，从50年代末起，李嘉诚生产的塑胶花便大量地销往欧美市场，获得海外厂商一片赞誉，一时间大批订单从四面八方飞来，年利润也从三五万上升到一千多万港元，直至1964年，塑胶花市场一直旺盛不衰。

从此，李嘉诚得出一条重要的投资秘诀：不论做什么生意，必先了解市场的需求预谋制胜，只有不断充实自己，才能追上瞬息万变的社会，他之所以获得巨大的成功，这一重要谋略功不可没。

塑胶花使李嘉诚成为"塑胶花大王"，并让他赚得盆盈钵满。

然而，物极必反。早在李嘉诚开发塑胶花之前，他就预见到塑胶花迎合社会发展的快节奏，只能风行一段时间。人类崇尚自然，而塑胶花无论如何不能取代有生命的植物花。

执全港塑胶业牛耳的李嘉诚，常会思考这样的问题：塑胶花的大好年景还会持续多久？

长江公司拥有稳固的大客户，作为塑胶业的"大哥大"，自然还不愁市场问题。但是整个行业走下坡路，最后走向萎竭，已是不以人的意志为转移的大趋势。这样，竞争势必日益残酷。

此外，越来越多的因素在向李嘉诚敲响警钟。

塑胶厂遍地开花，塑胶花泛滥成灾。据港府劳工处注册登记的数据塑胶及玩具业厂家，1960年为557家，1968年增加到1900家，1972年则猛增到3359家，该行业的就业人员，由1960年占全港制造业劳工总数的8.4%，增加到1972年的13.2%。据估计，该行业的厂家，有半数以上是塑胶花专业厂和兼营塑胶花的。

塑胶花业的兴旺，除它自身的优点外，迎合了人们赶时髦的心理，不能不是其中的主要因素。曾经富人穷人，皆以系塑胶裤带为荣，到后来，渐渐鲜有人问津，人们还是觉得真皮裤带好。

塑胶花何尝不是如此，塑胶花就是塑胶花，不可能完全替代有生命的植物花。李嘉诚从海外杂志上了解到，有的家庭已把塑胶花扫地出门，种植真花。国际塑胶花市场，渐渐向南美等中等发达国家转移，而这些国家，也在利用当地的廉价劳力生产塑胶花。香港的劳务工资逐年递增，劳务密集型产业，非长远之计。

香港已出现过几次塑胶花积压，原因一是生产过滥，二是欧美市场萎缩，虽未造成大灾难，更未直接影响长江集团，却引起李嘉诚高度重视。

李嘉诚早有心理准备，因此，他一叶知秋，见微知著，未雨绸缪。

他的未雨绸缪，不是不断投资，强化塑胶业的竞争能力，而是顺其自然，采取一种无方而治的态度，让其自兴自衰。

除了那次石油危机，出面解救塑胶原料暴涨危机外，李嘉诚已基本不插手塑胶花事务。

李嘉诚的主要精力放在缔造以地产为龙头的商业帝国，这是他蕴藏于心多年的抱负。与塑胶花相比，后者显得更重要，他实现了他的抱负，舆论给他戴上"超人"的桂冠。

识时务者为俊杰——李嘉诚正是这样一位商界俊杰。

【鬼谷子的"诡"点子】

用敏锐的眼光捕捉信息、把握机会。做人之未曾做，行人之未曾行，纵横捭阖，气势恢宏，张弛有度，具备过人的胆识和超人一等布局商势的头脑。那你一定能成为众人中的佼佼者。

大显身手，一鸣惊人

【古语阐"道"】

自天地之合离终始，必有巇隙，不可不察也。察之以捭阖，能用此道，圣人也。圣人者，天地之使也。世无可抵，则深隐而待时；时有可抵，则为之谋；可以上合，可以检下。能因能循，为天地守神。

【今言说"道"】

自从天地之间有了"合离"、"终始"以来，万事万物就必然存在着裂痕，这是不可不研究的。要想研究这个问题就要用"捭阖"的方法。能用这种方法的人，就是圣人，圣人是天地的倒霉。当世道不需要"抵巇"的时候，就深深地隐居起来，以等待时机；当世道有可以"抵"弊端时，对上层可以合作，对下属可以督查，有所依据、有所遵循，这样就成了天地的守护神。

【案例延伸】

商机就是财源。他不仅需要商家具有精明的生意眼光，还需要有善于捕捉各种信息的灵活头脑，谁若是抓住机遇，迅速行动，就可以从中赢得财富。

商机就是财源。财源的发现，要求商家既要有精明的生意眼光，也要有耳听八方的敏锐感觉。商家的眼光，第一是要准，也就是能够在众多的行当中准确发现既适合自己去做、又能给自己带来利益的财路；第二是要远，也就是不能总盯着一门一行，甚至把眼睛放在跟前利益之上，而是要能在商海变幻莫测的复杂情势中看出必不可易的大方向，按照这个大方向来经营好自己的财源；第三是要灵，即耳听八方的敏锐感觉。看得准，才能发现财源，看得远，才能把发现的财源经营成真正属于自己的财源。信息灵才能抢人之先，捷足先登。胡雪岩就有这既看得准又看得远的精明的商务眼光。比如创办钱庄的过程中他却盯上了生丝生意，而在做生丝生意的过程中，他又盯上了药店、房地产、典当业甚至军火、粮食——对于胡雪岩这样一位眼界开阔、头脑灵活且敢想敢干的人来说，实在是到处都能见到财源，到处都能开出财源。

除此之外，还善于捕捉信息，把握信息也即是把握住了商机。一次胡雪岩为生丝生意逗留上海，他在上海的基地是裕记丝栈。这天他到裕记丝栈处理生意上的事务，顺便在丝栈客房小歇。他躺在客房藤椅上，本想考虑一下自己生意上的事情，无意中却听到了隔壁房中两个人的一段关于上海地产的谈话。这两个人对于洋场情况及上海地产开发方式都相当熟悉，他们谈到洋人的城市开发方式与中国人极不相同，中国人常常是先开发市面再行修路，市面起来了，走的人多了，便有了路。但以这种方式进行市面开发，有一个很大的弱点，往往等到要修筑道路，扩充市面的时候，自然形成的道路两旁已经被市房摊贩挤占，无法扩展。而洋人的办法是先开路，有了路便有人到，市面自然就起来了。如今上海的市面开发就是这种办法。在谈到上面情况之后，其中一人说道："照上海滩的情形看，大马路，二马路，这样开下去，南北方面的热闹是看得到的，其实，向西一带，更有可为。眼光远的，趁这时候，不管它苇荡、水田，尽量买下来，等洋人的路一开到那里，乖乖，坐在家里发财。"

两个不相识的人这一番谈话，使胡雪岩一下就躺不住了，等到他从湖州带到上海跟着自己学生意的陈世龙回到裕记丝栈，他马上雇了一辆马车，拉上陈世龙，由泥城墙往西，不择路而行，去实地查勘，而且在查勘的路上，就报出了两个可供选择的方案：第一，在资金允许的情况下，乘地价便宜，先买下一片，等地价上涨之后转手赚钱；第二，通过古应春的关系，先摸清洋人开发市面的计划，抢先买下洋人准备修路的地界附近的地皮，转眼之间，就可发财。

　　不用说，胡雪岩眼睛盯到上海的地产生意上，又是一下子为自己发现了一个绝对可以大发其财的财源。

　　而由于太平军的进攻，从东南各地逃难至上海租界的人却越来越多，上海市面也随之更加兴旺。事实上，这个时候也正是上海历史上第一次房地产生意高潮到来前夕，到19世纪末期，上海每亩地价已由几十两涨到两千七百两，其后不数年间，上海外滩地界的地价甚至一度高达每亩三十六万两白银之巨。这时的地面，可不就是一个一本万利的大财源？胡雪岩说："凡事总要动脑筋，说到理财，到处都是财源。"这应该是他的经验之谈。不用说，做生意离不开理财。生意人的理财，大体应该包含两个方面的内容。一方面是指资金的合理使用和管理，以求达到增加企业盈利、提高经营效率的理财，比如定期进行必要的财务审计和财务分析，研究库存结构和资金周转情况，精打细算减少开支，压缩非经营性资金的占用等，都属于这一方面的理财，这是一个生意人日常必做的实际工作。另一个方面的理财，则是指不断为自己开拓财源，用现代经营学术语说，就是准确发现投资热点，扩大投资范围。只有财源茂盛，才会生意兴隆，这是不言自明的。因此，比较而言，后者显得更加重要，应该成为一个有出息的生意人日常关注思考的主要问题，应该成为他必须时刻想着去做的工作。不用说，只有能够准确发现一个又一个投资热点，不放过自己遇到的任何一个赚钱的机会，能为自己开拓出一个又一个财源，也才能称得上真正是会动脑筋、会理财。

【鬼谷子的"诡"点子】

　　有句歌词唱道"路见不平一声吼，该出手时就出手"，对于时机的把握也是一样，我们在瞅准时机之后，该出手时就要果断出手，只有这样我们才能抓住机会，我们才能不让机会溜走，要不然，成功离我们只会越来越远！

卷五　鬼谷箴言，飞钳之道

　　在本卷中，鬼谷子讲述了如何让别人信服的"飞钳术"。所谓飞是褒扬激励，钳是挟制。飞钳就是以激励、褒扬的言语引诱对方，得到实情从而抓住对方的心理。掌握对方的心理后，方可动之以情，晓之以理，以达到钳制的目的。从古到今，任何一个成功者的背后，都有一批人才在为他出谋划策。那么如何选择人才，就是成功的重中之重。而选用人才的关键，就在于能够准确地判断出一个人的能力，而且能够因材施教，使其发挥最大的作用。

招贤纳士，人尽其才

【古语阐"道"】

凡度权量能，所以征远来近。立势而制事，必先察同异；别是非之语，见内外之辞，知有无之数，决安危之计，定亲疏之事，然后乃权量之，其有隐括，乃可征，乃可求，乃可用。

【今言说"道"】

凡是揣度人的智谋和测量人的才干，就是为了吸引远处的人才和招来近处的人才，造成一种声势，进一步掌握事物发展变化的规律。一定要首先考察派别的相同和不同之处，区别各种对的和不对的议论，了解对内、外的各种进言，掌握有余和不足的程度，决定事关安危的计谋。确定与谁亲近和与谁疏远的问题。然后权量这些关系，如果还有不清楚的地方，就要进行研究，进行探索，使之为我所用。

【案例延伸】

人才是事业的根本，经商更是如此。生意上的可造之才不是天赐，需要甄别与考察，更需要一双识才的慧眼。

胡雪岩在创业之初，就特别注意自己考察选用人才。而且，他对于人才的考察既细心周到，手法也很不俗。比如他聘用刘庆生做自己阜康钱庄的档手，就很用了一点心思。刘庆生在跟胡雪岩之前，只是大源钱庄一个站柜台的伙计，身份其实很低。胡雪岩本来就是杭州城里钱庄行当里的人，在聘用他之前，自然是认识他的。但只是从表面印象感觉他是一个可造之才，胡雪岩此时想要用他，自然要来一番考察。胡雪岩考察他的办法很别致，他知道刘庆生是余姚人，找来刘庆生之后，一开始只和他海阔天空，不着边际地大谈余姚风物，又从余姚扯到宁波，由宁波扯到绍兴，闲扯了个把钟头，也没有进入正题，把刘庆生弄得云山雾罩莫名其妙甚至有些懊恼。好在他本来就有极坚忍的性情，也能够耐心地听胡雪岩"瞎扯"。其实，胡雪岩也正是以此考察刘庆生的忍耐力；然后借闲谈问刘庆生钱庄方面的几个问题，以考察刘庆生的应变能力以及对本行本业的熟练程度；似乎在不经意中还问及杭州城里钱庄的牌号，借此了解刘庆生的记忆与观察能力。刘庆生对答如流，显示出不凡的本事。属于专业性的考察完了，接下来胡雪岩仔细询问家中情况，并送刘庆生二百两银子，年底更有分红。这不仅是为了解除他的后顾之忧，也是看他手脚是否放得开，手面是宽还是窄。因为刘庆生本来是个伙计，原先一个月不到二两银子的收入，现在一下子每月可有十几两银子的进项，很有可能一下子适应不了，舍不得花。舍不得花就是手面不宽，有可能是个好活计，是本分的事都能干好，但却做不来大生意。

结果甚幸，刘庆生有二百两银子在手，先包了一座小院子，作为起坐联络的地方。胡雪岩知道他做事是放得开手的，最后一层顾虑便消失。

结果证明，对刘庆生的任用是成功的。他不负众望地经营好了阜康钱庄，实在是一个难得的人才，这也说明了胡雪岩的考察是成功的。

用人要凭自己的眼光去看，进行多方面的考察，这是胡雪岩在选用生意帮手时十分注意的一个原则。他对刘庆生的使用是如此，对老张夫妻的使用也是如此。他自己出钱请老张下船到湖州开丝行，本来也是有帮帮老张的意思。但他还是经过一番周密的考察才决定用他们，因为无论如何，湖州的丝行关系到他将要涉足的生丝生意的发展。胡雪岩通过问话，引老张之妻向他"侃"了一通养蚕、缫丝、茧丝买卖、蚕丝品种优劣等方面的情况，令他大开了眼界，也让他觉得老张之妻虽是常人之妻，却也有着不凡的见识。同时，胡雪岩不仅看出他们的能耐与眼光，也是看重他们老实本分这一点的。有眼光，有本事，但奸猾狡诈之徒，难以驾驭，易出问题。老实本分，才可靠，才能对自己竭尽全力。老实可靠，也是胡雪岩任用人才的一个前提。经过这一番考察之后，他这才最后决定自己出钱，聘老张当老板。

胡雪岩做生意，并不缺那种眼里只盯钱的专门人才，他缺的是具有各种"外场"能力的人才，正因为如此他对这类人才的考察也非同一般。

胡雪岩在苏州收了阿巧姐的弟弟福山跟着自己学做生意。福山已经在一个布店学徒三年，算盘拨拉是挺"溜"，人也机灵。但胡雪岩还要考考他。正好刘不才与裘丰言为运军火的事到了苏州，到一个当地有名的"堂子"里吃"花酒"去了。胡雪岩叫身无分文的福山去把他们找回来，以此来试试他的"外场"本事。

让一个小小年纪的后生到烟花柳巷里去找人，这种考察人的方法实在有些特别，随胡雪岩到苏州的周一鸣就觉得似乎有些不妥，以为虽是要考察他的"外场"本事，但让一个小后生到那种地方去总不大相宜。他怕福山小小年纪便落入那种"迷魂阵"。

胡雪岩对周一鸣的担心不以为然。他对周一鸣说："不要紧的，我看他那个样子，早就在迷魂阵中闯过一阵子了。我倒不只是考他，就是要看他那路门径熟不熟，少年入花丛，总比临老入花丛好。我用人跟别人不同，别人要少年老成，我要年纪轻，有才干、有经验。什么事都经过，到了紧要关头，才不会着迷上当。"

胡雪岩考察人的方法特别，是源于他看人的角度特别。就一般人看来，年轻后生"闯"烟花柳巷一定不学好，这样的人即使有才，大约也是不会被看重的。而胡雪岩倒是通达得很，年纪轻轻"闯"过那种地方反而是一个长处。其实，如果不是就事论事，胡雪岩的看人角度实际上是一个很必要的角度。认为年纪轻轻到过那种地方不好，自然不能说没有道理，但那只是一个方面，而对于那时的人来说，稍稍有些身份，有一点积蓄的人又有几个从来没有到过那种地方？何况像福山这样一个年轻机灵又是单身的后生。而且，"食色，性也"，那种地方对于像福山那样的后生，诱惑力总是存在的。"闯"过，经见过，也就有了经验，也就不足为奇，"到了紧要关头，才不会着迷上当"，这当然比完全没有经验而在紧要关头着迷上当好得多。

【鬼谷子的"诡"点子】

　　胡雪岩对人才考察的特殊性源于对人才需求的特殊性。在现代社会，竞争日益激烈，拥有具备特殊能力与素质的人就显得更为重要。要择选出具备奇才的人，就要勇于革新选才的方式，不拘一格选人才。

爱才惜才，知才用才

【古语阐"道"】

引钩箝之辞，飞而箝之。钩箝之语，其说辞也，乍同乍异。

【今言说"道"】

借助用引诱对手说话的言辞，然后通过恭维来钳信对手。钩钳之语是一种游说辞令，其特点是忽同忽异。

【案例延伸】

人各有所长，作为一个老板，最重要的任务就是去发现员工的所长，使天资、禀性、特长不同的人在不同的岗位各尽其才。这就要求老板要有知人的本领。

胡雪岩就是一个有这种本领的老板，对于这方面，他还颇为自得地说："我的计划很多，大小由之，大才大用，小才小用，只看对方自己怎么样。"说穿了，就是量才使用，知人善任。

胡雪岩在用人上，也确实有量体裁衣的细心。他经营钱庄，"知人善任，所用号友皆少年能干、精于会计者"；办胡庆余堂药号，重金聘请长期从事药业经营、熟悉药材业务、又懂得经营管理的行家担任经理。聘任熟悉药材产地、生产季节、质量真伪优劣的人当协理，作为经理的副手，负责进货业务，还选熟悉财务的人担任总账房。以上三种人被列为头档雇员，称"先生"，他们能写会算，懂业务、善经营，属于穿长衫的"脑力劳动者"，因而一切待遇从优；先生以下，是二档雇员"师傅"，他们略懂药物知识，会切药、熬药、制药，实践经验丰富，是穿短衣、在工场劳动的"熟练工人"，工资待遇低于先生；师傅以下是末档帮工，他们是临时雇来的，主要从事搓丸药等简单劳动，计件付酬。由于分工明确、能位相称、酬劳合理，胡雪岩的钱庄、药号运转灵活，相互协调。

事实上，胡雪岩的得意之作却并不是用"大才"之人，而是用"小才"之人。他深深懂得，人无完人，只看怎么利用。

刘不才是一个嗜赌如命的赌棍，不务正业，父母遗留给他的殷实家产，也被他的骰子挥霍没了。胡雪岩对他并不是深恶痛绝，在收服他时，已经打算让他充当一名特殊的"清客"角色，专门培养他和达官阔少们打交道。在胡雪岩的督促下，刘不才不仅改掉了许多恶习，而且不负所望，运用自己的应酬技巧，为胡雪岩赢得了很多朋友，为胡雪岩的事业发展打下了基础。他最大的贡献，就是收服了丝商巨头庞二。

为了谋求在丝业方面的发展，胡雪岩有意与丝业中的一大巨头庞二联手，以形成垄断的局势，操纵整个上海的丝业行情。然而庞二财多气傲，一般人很难接近，更难于合作。胡雪岩了解到这一点后，不敢贸然前去和他亲自面商，怕事情没有谈妥，却将自己陷于十分被动和尴尬的境地。这时他想到了刘不才，因为刘不才在社会上交际应酬很有一套，通过他来拉拢庞二，或许是一个好的途径。主意拿定，胡雪岩对刘不才委以重任。

于是，胡雪岩特地安排了一次牌局，邀约了庞二和另外两位商界朋友，另请刘不才与其一起打牌。刘不才怀里揣着胡雪岩给的四万两银票，心里颇为踏实。他开始并不急于和牌，而是细观每位牌友的打法和牌路。他发觉庞二的牌打得很老练，但过于谨慎，往往一副好牌都被他在手里捏死了。而另外两位是见牌就和，有时做起大牌来，又打得很草率，总之显得经验不足。

熟悉了各家的打法后，刘不才尽量压住另外两位，并极力帮助庞二和牌，争取挽回败局，并有所赢余，这也是胡雪岩给他安排的任务。他扣住另外两位牌路，而极力给庞二喂张。庞二的牌风顿时顺了起来，乱吃乱碰都有理，他开始和牌了，并接连和了几次大牌，打得另外两位额头直冒汗。结果，庞二是大获全胜，赢了三万多两银票，刘不才也赢了一万多两。

对于刘不才在牌桌上的暗中相助，庞二是早已心领神会。牌局散后，庞二拉了一把刘不才的手，说："刘兄牌运不错！"

离开之前，庞二说他后天请客吃饭，再找几位朋友来好好玩一场。于是即席约定，这次的牌友后天都赴庞二的约。告辞时，庞二一再关照刘不才，后天务必光临，刘不才当然慷慨答应。

在两日后的牌局上，刘不才再次暗中协助庞二，使他再度大获全胜。趁庞二得意之时，刘不才乘机把胡雪岩准备与他在丝业上联合的意思向他转告，庞二慨然应允。

于是江南一带的丝业形成了垄断之势，而庞二是阔少作风，遇事需要拿出果断意见时，则全权委托胡雪岩办理，所以江南一带的丝业实际上操纵在胡雪岩一人手中。

没有刘不才在牌桌上的努力，庞二不一定会答应在丝业上与胡雪岩联手，他这种纨绔子弟仅靠说理，即使明白了这种道理，也未必愿意这么做，关键还在于取其欢心，只要是能投其欢心，他就什么事情都愿意做。而刘不才在牌局中的暗中协助，恰到好处地达到了这种效果。这说来说去，还是在于胡雪岩善于用人。在别人的眼里，刘不才是个令人鄙夷不屑的赌棍，但被胡雪岩收用以后，刘不才却成了一个颇有作用的人才，为胡雪岩办成了别人办不成的事。

就连刘不才这样的"本事"，胡雪岩都将其用在了自己的生意上，也难怪他是那样自负自己用人水平之高了。

其实，像刘不才这样的人，旧时也有个说法，称为"篾片"。这是一个带有蔑视意味的称谓，是说这样的人软条无骨，立不起来，因而也当不得大用。但胡雪岩却有自己的说法，他说："篾片有篾片的用途。……

好似竹篓子一样，没有竹篾片，就拧不起空架子。自己也要几个篾片，帮着交际应酬。"这正显示出胡雪岩在用人上的眼光。在胡雪岩看来，这些篾片，实际上也就等于那些富人们豢养的"帮闲"。这样的人平日里自然做不了什么正经事，不过是陪着那些主子吃喝玩乐，捧着主子开心。但这样的人却正在这种陪侍应酬中练就了一套察言观色、巧言承欢的本领，场面上缺少了他们，那些爱玩会玩的人就玩不出味道，也玩不起劲来，这样的人关键时刻也能派上大用场，重要的是，胡雪岩发现了别人发现不了的"篾片的用途"。

胡雪岩使用陈世龙和刘不才，是两个绝佳的例子。若以社会一般标准，这二人都嗜赌，有些痴，同有赌瘾，搞得家业不继，家境困顿，家庭黯淡，在人们眼中，二者是"败家子"，人人都有"恨铁不成钢"之感。然而胡雪岩却没有因此而对其不屑一顾，他充分地了解到了他们的长处。陈世龙年轻、有耐性，不妨做自己的丝生意方面的帮手，将来还可让他学外语，直接和洋人打交道。刘不才堪称"赌圣"，投其所好，让他接待阔少、达官和江湖朋友，只要是赌，刘不才可以自如地控制场面。对胡雪岩来说，只要你能自如地控制场面，我就可以拿钱供你赌。不过需要你输的时候一定不要心疼。该输的时候，要大把大把地往外送钱。而且要做得自然，一切显得顺理成章，不露破绽。

清军从太平天国手中夺回杭州后，胡雪岩寒夜拥衾，听着那自远而近"笃、笃、当，笃、笃、当"的梆锣之声，有着空谷足音般的愉悦和感激。杭州城什么都变过了，只有这个更夫没有变，每夜打更，从没间断过一次。顺着这番感慨往下想，胡雪岩就发现了打更人的可用之处：他尽忠职守。就连杭州城这么大的灾难和饥馑也都挨过来而没失职。虽然只是打更，不过想来，世界上有许多差使，只看你是不是肯做，是不是一本正经去做。肯做并一本正经坚持下去的，就是个了不起的人。像这位更夫，就是一个做事认真的典型，胡雪岩发现了这一点，就雇用他去巡守仓库，果然让人放心。

　　说起来，胡雪岩尽管拥有这么多优秀的人才，但是如果不能正确使用人才，处置不当，同样不会有什么帮助。但他坚持"大才大用，小才小用"，根据个人能力与专长给他们找到合适的位置，以尽所能地发挥他们的作用。

　　如古应春懂洋文，了解洋行，善于和洋商打交道，胡雪岩便在与洋人有关系的生意比如生丝销洋庄、贩运军火等的运作上完全倚重他；尤五掌握着漕帮势力，熟悉帮会情况，胡雪岩就让他主持杭州经松江到上海一路的丝、粮水运；老张老实本分、人缘好，胡雪岩就让他当丝行老板；陈世龙年轻机灵，胡雪岩就教他在江湖上奔走往来；黄仪是丝行的"档手"，文字功夫好，老张驾驭不了、胡雪岩又鞭长莫及，胡雪岩便要召他到自己身边当"文书"；杭州城一个老更夫，胡雪岩看中他忠于职守的精神，便聘请他来看守自己商号的仓库。这不都是很合适的人事安排么？

　　生意场上，人才的延揽是重要的，而给自己手下的人才找到一个合适的位置，则显示出一个成大事者的见识与眼光。胡雪岩正因为有了这种眼光，才能使自己在生意场上处处有人相助。而如何因人而异，如何用人专长，这也是每个领导者都需要注意的重要问题。

【鬼谷子的"诡"点子】

　　大才大用，小才小用，这里面确实隐藏着很深的用人学问，大才小用，对人才是一种委屈，也不可能激发出人才的积极性，而小才大用，才力不够，不仅不能胜任，还极有可能使生意受损。相反，用得合适，即使如刘不才这样的不成器的篾片，也能起到别人起不到的大作用。

发掘潜能，相信眼光

【古语阐"道"】

用之于人，则量智能、权财力、料气势，为之枢机，以迎之、随之，以箝和之，以意宣之，此飞箝之缀也。

【今言说"道"】

如果把"飞钳"之术用于他人，就要揣摩对方的智慧和能力，度量对方的实力，估计对方的势气，然后以此为突破口与对方周旋，进而邹以"飞钳"之术达成议和，以友善的态度建立邦交。这就是"飞钳"的妙用。

【案例延伸】

"我请你们帮我的忙，自然当你们一家人看，祸福同当，把生意做好，大家都有好处。"这是胡雪岩的经商艺术，也是其过人的智慧。

胡雪岩常说，做生意一是要齐心，二是要人缘。这里的人缘主要是指外部的合作关系，而齐心，则是指内部雇员的上下一心。俗话说，人心齐，泰山移。如果一个商号不能上下一心，个个"乌鸡眼"似的你不服我，我鼓捣你，一盘散沙，绝对不可能有生意的兴隆和稳定的发展。

因此，一个做统帅的人，在调度和使用自己手下人的时候，如何既能发挥他们各自的长处，又能使他们很好地相互配合，齐心协力，是一个需要花费心力去细致考虑的问题。胡庆余堂开办之后，按照惯例，胡雪岩在药店设了一个"阿大"，也就是总经理，设了一个"阿二"，也就是副总经理。阿大全面负责药店的经营，阿二则专管药材的采买。因为药店经营物品的特殊性，所以药材的采买一般都是专人负责，且负责者一般独立决定采买事务并承担责任。这样一来，阿大、阿二也就难免会在药材的价格、质量上发生分歧以致产生矛盾、争执。

这一年，胡庆余堂的阿二从东北采购回一批虎骨、鹿茸、人参等贵重药材。由于边境战事，这一年的人参、虎骨等的质量虽不比往年好，但价格却比往年高出许多。而且，即使拿了银子，也要费好多工夫才能找到有存货的卖主。费了好大周折，才终于购得这批药店急需的药材。归途千里迢迢，且路面也不平静，一路晓行夜宿风餐雪饮，又吃了不少苦，人也消瘦了一圈。不料风尘仆仆回到杭州，验货的时候，阿二却因为价格问题受到阿大的指责。阿二心中自是不平，于是两人争执起来，最后一直吵到胡雪岩那里，请胡雪岩来评理裁判。

胡雪岩并没有对他们的争执做什么裁决，而是在各自做了一番安抚之后，留下他们吃晚饭。只是在吃晚饭的时候，胡雪岩首先举起酒杯向阿二敬酒，对他不辞辛劳，万里奔波，为药店购进这一大批急需的紧俏药材表示真诚的感谢。胡雪岩此举不仅使阿二大为感动，也一下子点醒了阿大，阿大也随着胡雪岩端起酒杯，就自己对于阿二的不体谅向他真诚道歉。一场争执，就在这一敬一受之间，化解得无影无踪。

争执化解之后，胡雪岩还根据药店经营的特殊性，对阿大、阿二各自的职责做了调整。胡雪岩认为，商场如战场，所谓"将在外，君命有所不受"。阿二的工作性质本来就是属于外出独立任事，既然如此，他就应该有独立任事的职、责、权。于是，他打破药店设阿大、阿二，由阿大负责全盘的传统定规，确定由阿二独立全权负责采购药材，从价格、数量到质量的一应事宜，阿二直接对药店股东负责。这样一来，胡庆余堂等于是设了两个阿大，而事实上，后来胡庆余堂也确实索性将专管采购药材的阿二改称"进货阿大"。出乎一般人意料的是，如此调整，并没有出现通常可能出现的那种原来的阿大因自己的权力范围被缩小而忌妒甚至怨恨阿二的状况，更没有出现那种所谓"一山二虎"的两虎相争；相反，两位阿大由于各自职责范围明确，反而各司其职、各负其责且相互合作，关系倒是更加融洽了，将胡庆余堂的生意做得更加红火。

这里的道理其实很简单。按药店的惯例，虽然阿二名义上是阿大的副手，但他的独立任事的职责特点，却使他事实上并不能直接受阿大的束缚，而需要作出决定并独立承担后果。按照原来的人事格局，阿大、阿二职务上的名分与实际承担的责、权不清不白地搅在一起，两人之间自然会产生矛盾，引发争执，弄不好相持不下，使矛盾越积越多，时间长了势必会影响大局。而如今将两人各自职责权限范围做了明确的划分，能够各行其权，而原来的阿大本来对药店经营方式的特殊性也十分熟悉，自然也不会有什么不能接受的。相互之间不再发生直接的冲突，自然也就可以关系融洽、相互配合了。胡雪岩的见识确实了得！

不过，应该知道，生活中由上面那种情况引起的人事矛盾也并不是大量的，大量的倒是那些一心只打自己的小算盘，心怀叵测，唯恐天下不乱的小人挑是拨非、煽风点火引发的人事矛盾。对于这种人，如果忽视他们的能量，不注意提防，常常会坏了大事。这样的人不要多，一个单位只要有那么一个人，就可以弄得内部鸡飞狗跳，不得安宁。对于这种人最好的办法也就是请他走了。胡雪岩对人非常宽厚，一般情况下，他不会因为用过一个人之后，因为发现他的本事有限或有什么错处就辞退他，比如他对他湖州丝行的档手黄仪和庞二上海丝行的档手朱福年，都不是让他们离开了事。但对于那些挑是拨非的小人，他也没有那么多的菩萨心肠。

有一次，胡庆余堂一位跑外的采购由于疏忽将一批豹骨当成虎骨买回来了，而进货阿大由于太忙，加上对这个采购员做事很信任，没有做入库验收就进货了。药店一位新晋升的档手（部门经理）知道这个情况，希图邀功，直接向胡雪岩报告。胡雪岩当即入库查验，发现确实如此，当即让药工将这些豹骨全部销毁。进货阿大知道情况后，为自己的失职十分惭愧，当即向胡雪岩递了辞呈。胡雪岩没有辞退进货阿大，相反却将那位以为举报有功，等着嘉奖的档手辞退了。按胡雪岩的说法，"作为档手，发现药材是假的，及时向进货阿大回报提醒，这是他的职责所在。但他当面不说，却背后进谗，这种心术不正的人，岂可再用！"这种人的确不能用，因为一颗老鼠屎，足以坏了一锅汤。

【鬼谷子的"诡"点子】

一个老板能否经营生意，相当大程度上取决于其是否会使用人才，使之径尽所能，为生意发展铺平道路。人齐山移，人散财散。这是经营的至理。

小心翼翼，如履薄冰

【古语阐"道"】

用之于人，则空往而实来，缀而不失，以究其辞，可箝可横，可引而东，可引而西，可引而南，可引而北，可引而反，可引而覆，虽覆能复，不失其度。

【今言说"道"】

如果把"飞钳"之术用于他人，可用好听的空话去套出对方的实情，通过这样连续行动来考察游说的辞令。这样就可以实现合纵，也可以实现连横；可以引而向东，也可以引而向西；可以引而向南，可以引而向北；可以引而返还，也可以引而复去。虽然如此，不是要小心谨慎，不可丧失其节度。

【案例延伸】

曾国藩的父亲曾麟书去世后，曾国藩在家守制一年多。在这段时间内，湘军和太平军的作战形势发生了突变。曾国藩刚离开江西回家守丧之时，湘军与太平军在江西展开了一番苦战，双方实力相当，出现了两军对峙的局面。江西的一些城池仍被太平军占领着，形势相当危急。此时，1856年太平军发生了内乱，能征善战的太平天国高级将领石达开因受到洪秀全猜忌，带着部下离开了湖北战场。

咸丰七年（1857），太平军在湖北、江西的大部分精锐部队跟随着石达开转移。这样一来，太平军在湖北、江西战场上的兵力大大削弱。苦战的湘军没有放过这个绝好机会，一鼓作气，连克九江、瑞州、抚州、湖口等地，紧接着又攻陷了湖北的武昌等地。至此，湖北、湖南、江西几乎全在湘军的控制之下。湘军稍作休整开始进军安徽。

在与太平军的交战中，湘军战果辉煌，更何况这是关系到清政府安危的战争，理应受赏。朝廷没有薄待湘军，凡参与作战的湘军将领一个个被加官晋爵。曾国藩手下的几位重要人物权势陆续跃居其右，胡林翼在原有官职上加封太子少保头衔，杨载福、李续宾分别被提升为提督和巡抚。

此时的曾国藩仍然只是一个在籍侍郎，虽然是他亲手组建了湘军。此时的他，纵使后悔不该请求回家守制也无济于事，看着自己培养出来的人才功成名就，光耀门楣，难免心生感慨。在给弟弟曾国荃的信中，他表达了自己的遗憾和对弟弟的希冀："愿吾弟兢兢业业，日慎一日，到底不懈，则不特为兄补救前非，亦可为吾父增光泉壤。"

其实在守制期间，曾国藩也曾想过向咸丰皇帝请示返回战场，但考虑再三，还是没有提笔写下奏章。

太平军虽在两湖、江西的战场上失利，但不代表他们没有实力。咸丰八年（1858），石达开率大军经江西入浙江，浙江一带硝烟四起。石达开大军攻陷数城，浙江形势危急。同年三月，湖北巡抚胡林翼解围。浙江告急，除了曾国藩，咸丰皇帝再无可用之人，只得重新起用曾国藩。

曾国藩接旨后，立马上任，与太平军展开了更为激烈的斗争。咸丰十一年（1861），咸丰皇帝逃难死在避暑山庄，清廷内部发生政变。在此形势下，为保宫廷安宁，两宫皇太后对曾国藩更加重用，封他为两江总督。就这样，曾国藩掌握了江苏、江西、浙江和安徽四个省份的地方军政实权。在太平天国运动平定前后，曾国藩势力更为庞大。同样是因为战绩辉煌，曾国藩率领的湘军各集团头目中，很多人都被授予督抚职位，如李鸿章、沈葆桢等人，他们是曾国藩奏保出任的。而有些出任督抚的湘军头目则是得到了其他高官的保荐，如胡林翼、骆秉章和文样三人共同保荐了刘蓉，官文、胡林翼二人一同保荐了李续宾和彭玉麟。其中，胡林翼与曾国藩的关系甚为密切，他是在曾国藩的保奏下升任为湖北巡抚的。

总之，曾国藩的功业和势力在这个时期均达到鼎盛时期。短短四年的时间内，湘军头目升任督抚的竟有20人之多，这在历史上是很少见的。湘军在曾国藩的统率下，几乎控制了长江中下游的各个省份，包括四川、贵州、广东、广西等地。在黄河流域的发展虽然不及长江中下游地区，但也控制了不少省份，如陕西、河南、山东等地。

另外，在攻克金陵的前几年里，湘军发展极为迅速，人数增加很快，至攻克金陵后，湘军总人数竟已多达50万，和清政府的正规部队绿营军人数相当。

曾国藩的湘军几乎盘踞在各个省份，他们以曾国藩为首，建成了一个密密麻麻的关系网。为了能够自立，各巡抚极力招募新勇，增加税收，筹备军饷，湘军在各地的实力均得到增强；而且，他们非常团结，有着唇亡齿寒的意识，可以说是同呼吸，共命运。即使内部出现矛盾，也能够迅速化解，不至于损害整个集团的利益。

他们的势力如此庞大，以致清政府在进行大的改革时不得不征求他们的意见。曾国藩在朝权势的巩固与他的苦心经营是分不开的。创建湘军是他成就大业的一个关键，而善于经营湘军则是他成就大业的关键之关键。

湘军的巨大势力对清政府造成了严重威胁，清政府早就想对其进行抑制。但由于太平军的存在，湘军仍是支撑朝廷的一支主力，所以清廷也没有做出特别出格的事情。

曾国藩创建湘军后，因没有准备充分，几次违抗咸丰皇帝的诏令，屡不出兵。待湘军攻克武汉后，咸丰皇帝听信谗言，收回已封给曾国藩的巡抚之职，弄得曾国藩颜面无光，湘军将领对咸丰皇帝的这种做法极为愤慨。

安庆攻下后，湘军将领本打算大摆庆功宴。曾国藩没有允许，只是要求将领们各作一对联，相互祝贺。李次清第一个撰成，其联为"王侯无种，帝王有真"。曾国藩看后，立即将其所作对联撕毁，并加以斥责。其他将领的对联也未让曾国藩感到十分满意。

后来，张裕钊来到安庆，为曾国藩呈上"天子欲开麟阁待，相公新破蔡州还"一联，曾国藩见到此联后，甚为满意，深表赞赏，他传令将此联向各将领传示。当时，有人认为句中的"麟"与"蔡"对仗不工整，曾国藩听到后，勃然大怒，说道："你们只知道拉我上草树（湘人土语，意为荆棘）以取功名，图谋富贵，却不好好读书，求得实干。麟与蔡，皆为灵，以灵对灵不算工整，还要如何才算工整？"曾国藩的言下之意为：蔡为大龟，与麟同属四灵之一，对仗自然工整。

曾国藩为什么将李次清对联撕毁呢？因为李次清的对联有明显的劝进之意，其实，当时不止他一人，其他将领如郭嵩焘、王闿运也极力拥立曾国藩，胡林翼和左宗棠也曾有所表示。

王闿运曾拜见曾国藩，跟曾国藩谈了很长一段时间，主要是提议曾国藩"取而代之"。曾国藩态度严肃，始终不发一言。他以手指蘸茶，好似在案几上写什么东西。当曾国藩起身更衣时，王闿运探身一看，几案上的字迹依稀可见，全是"妄"字。

在曾国藩寿诞之际，胡林翼将"用霹雳手段，显菩萨心肠"这一联句亲手送给曾国藩，曾国藩欣然接受。

左宗棠也曾作过一联，交由胡林翼送给曾国藩，联是这样写的："神所凭依，将在德矣，鼎之轻重，似可问焉！"

曾国藩看后，用朱笔将"似"改为"未"，然后退交给胡林翼。

曾国藩的门生彭玉麟，在他署理安徽巡抚、力下安庆后，曾遣人往迎曾国藩。在曾国藩所乘的坐船犹未登岸之时，彭玉麟便遣一名心腹，将一封口严密的信送上船来，于是曾国藩便拿着信来到了后舱，展开信后，见信上并无称谓，只有彭玉麟亲笔所写的十二个字：

东南半壁无主，老师岂有意乎？

这时后舱里只有曾国藩的亲信倪人垲，他也看到了这大逆不道的十二个字，同时见曾国藩面色立变，并急不择言地说：

"不成话，不成话！雪琴（彭玉麟的字）他还如此试我。可恶！可恶！"接着，曾国藩便将信纸搓成一团，咽到了肚里。

当曾国藩劝石达开降清时，石达开也曾提醒他，说他是举足轻重的韩信，何不率众独立？曾国藩默然不应。

按咸丰帝遗言，攻克金陵，平乱者为王。待曾国藩平定太平军后，却仅授予一等侯，清政府的做法难以使湘军满意。既然统帅曾国藩爵位不高，其部下所封官爵肯定会更低。更离谱的是，清廷军机处令曾国藩呈报数年战争中的开销，并从速办理报销军费事务。为了平乱，曾国藩东奔西走，想方设法地凑军费，勉强维持着部队的生存。好不容易平定叛乱，却遇到报销军费这样荒唐的事情，不由得各湘军将领由怨生恨，萌生反意。

一天晚上，曾国藩亲自审讯了太平军将领李秀成，然后到大厅旁的卧室里休息。片刻后，约30位湘军高级将领一起来到大厅，请中军上报曾国藩。曾国藩知道后，问中军：九帅（曾国藩的九弟曾国荃）来否？中军回答说未见到，于是，曾国藩当即传令，要曾国荃速到大厅。曾国荃虽有病在身，然主帅强令，定有大事相商。曾国荃抱病火速赶往大厅。

曾国藩得知曾国荃已在厅中等候，便整整衣服，迈步走向大厅。众将领见到曾国藩后，立刻肃立，敛声屏息，整个大厅顿时异常安静。曾国藩表情严肃，未问众将因何而来，只是让他们坐下。

众将领坐下后，都凝神望着主帅曾国藩。曾国藩仍没有言语，他将在座的众将领扫视完后，命巡弁取出笔纸，结果巡弁取来了簿书纸。

曾国藩看后，让其换成大红垂笺。待其将纸换来后，曾国藩走到案前，挥笔畅写，然后便掷笔而去，不紧不慢地入了后室。众将领心急火燎却又不知所措。曾国荃移步案前，低头一看，只见十四个大字跃然纸上：

倚天照海花无数，流水高山心自知！

曾国荃在读联语过程中，表情不断变化，先是激动，接着转为凛然，而后则变为惶然。众将领起身，趋案观之。表情更是丰富，有点头者，有摇头者，有叹息者，还有热泪盈眶者。待众人观读完联语后，曾国荃说道："大家不要再讲什么了，今后也不要再提这件事，在枝节上出现任何问题，我曾九一人担当。"

曾国藩对清廷是忠诚的，虽然屡次有人劝进，他从不为所动，沉着冷静，谨慎地应付着部下那些劝进者。毕竟这些人都是自己提拔或培养起来的，在与太平军的作战过程中立下了汗马功劳，没有他们，曾国藩仅凭自己和家族之力是无法取得胜利的。因此，当部下劝他自立为皇帝时，他更要谨慎处理。既要表明自己没有反意，又要让部下心安，更重要的是不能使部下与自己为敌。

如果他一味地显示愚忠，为表自己忠君立场，大发雷霆，或惩处欲造反者，肯定会得罪很多人。更何况，此时的湘军首领都具有了相当强的势力。如果他们联合起来一起造反，曾国藩又该如何？

【鬼谷子的"诡"点子】

前进的时候，要保持时刻的小心和谨慎。不然，你就会有可能误入歧途，或者因为看不清前面的障碍而碰壁。所以说，得一边前进，一边"张望"！

卷六　鬼谷箴言，忤合之道

　　本卷讲述鬼谷子的忤合之道，忤合：忤，抵触、背逆。《庄子·刻意》："无所于忤，虚之至之。"合，符合，不违背。忤合的实质其实就是告诫我们在说话和做事的时候一定要看清形势，不能单凭暂时的利益而盲目做决定。鬼谷子的观点中有云"事无常贵，事无常师"，万物都处在变化之中，需要我们用自己的眼光来判断事物的发展，进而做出自己的决定。这样我们才能进退自如，把握主动权。

形势明朗，再做决定

【古语阐"道"】

凡趋合倍反，计有适合。化转环属，各有形势，反覆相求，因事为制。

【今言说"道"】

凡是有关联合或对抗的行动，都会有相应的计策。变化和转移就像铁环一样环连而无中断。然而，变化和转移又各有各的具体情形。彼此之间环转反复，互相依赖，需要根据实际情况进行控制。

【案例延伸】

要真正能够把握看准的机会，使这机会变成活生生的财源。除了行动迅速，敢想敢干之外，还要看清应当怎样办。实际上，这是一种比较综合的能力，除了要看到、看准之外，还要看到种种条件的辅助或制约。这就是深一层的眼光了，到底哪些条件可以利用，哪些条件是限制性条件，心里面要有个底。

诸葛亮"借东风"甚为有名。我们且来看胡雪岩是如何"借东风的"。胡雪岩为帮助左宗棠筹办船厂和筹措军饷向洋人借款成功，就是一个"借东风"的结果。胡雪岩是中国历史上第一个以商人身份代表政府向外商引进资本的商人。而在他之前，有明确规定不能由任何人代理政府向洋人借款。例如，曾是军机首领的恭亲王就曾经拟向洋人借银1000万两用于买船，所获批示是："其请借银一千万两之说，中国亦断无此办法。"这种情况甚至让一向果敢有决断的胡雪岩对是否能够准向外商借款也心存疑虑，是左宗棠的一番关于当下时势以及办大事要懂得顺应形势而做的剖析使他得以坚定。

左宗棠认为，做事情要如中国一句成语所说的"与其待时，不如乘势"，许多看起来难办的大事，居然顺利地办成了，就是因为懂得顺势的缘故。同样是向洋人借款，那时要办绝不会被批准，而这时要办却可能批准。这是顺势使然：

一则那时向洋人借债买船，受到洋人多方刁难，朝廷大多数人不以为然，恭亲王亦开始打退堂鼓，自然绝不会再去借洋债。而此时洋人已经看出朝廷决心平定太平天国、收复东南财富之区，自愿借款以助军务，朝廷自然不会断然拒绝。

二则当时军务重于一切，而重中之重又是平定太平天国。为军务所急向朝廷提出向洋人借款的要求，朝廷也一定会听从。

三则此时领衔上奏的左宗棠本人手握重兵，且平定太平天国有功而深得朝廷信任，由他向朝廷提出借款的事，其分量自然也就不一般了。借助这三个条件形成的大势，由洋人借款不办则罢，一办则准成。

事实的确如此，据史料记载，自同治六年（1867）到光绪七年（1881），以左宗棠西征筹饷为由，胡雪岩先后六次向外国银行借款，合计金额达1770万两。向外国银行借款利息为8厘，而胡雪岩以1分至1分3厘的贷款利息投入钱庄运营，以最保守的方式，即以胡雪岩仅纯得利差额的三成计算。

曾国蕃长子，被认为是外交官的曾纪泽《使英日记》中就谈道："十二月初二，葛立德言及胡雪岩之贷借洋款，洋人得息8厘，而胡道台（胡雪岩曾以捐纳而得授道台引者注）极1分5厘，奸商谋利病民蠹国，虽籍没其资财，科以汉奸之罪，殆不为枉。"此处所记虽有不确，也有由作为曾国藩继承人李鸿章与左宗棠之间的矛盾带来的情绪化因素，但也的确揭示了胡雪岩向外国银行融资而牟利的实情。

《清稗类秒》中也谈道："光绪初年，新疆用兵，左文襄公（宗棠）

倡借用外债，此为政府募集外债之始，委道员胡光墉主其事。……此借债，划出若干为购买枪炮之需，债权者得两重利益，故得之者欣然。"

左宗棠所说的势，是指那些促成某件事情成功的各种外部条件同时具备，即由恰逢其时，恰在其他集合而成的某种大趋势。具体说来，这种"势"也就是由时、事、人等因素交互作用形成的一种可以促成"毕其功于一役"的合力。这里的"时"即时机。所谓"彼一时，此一时"，同样一件事，彼时去办，也许无论花多大气力都无法完成。

而此时去办，可能"得来全不费工夫"！这里的"事"即将办之事。"一定的时机办一定的事情，同样的事情此时该办亦可办，此时也许不可办亦不该办。可办则一办即成，不可办则绝无办成之望。"这里靠的就是看的眼光，分析问题的能力。

同一件事不同的人会办出不同的效果。即使能力不相上下的两个人，这个人办得成的事情，另一个人却不一定能办成。还有一个是否"顺势"的问题。所谓乘势而行，也就是要在恰当的时机选择恰当的人去办理该办的事情。

当然，我们应该看到，这三个因素当中，看准恰当的时机是最为重要的。这就正如我们日常交往中发表对某件事情或者某项决策的看法一样。即使你是一个已有了举足轻重地位的人，即使你的意见绝对是正确的，要使你发表的意见发生根本性影响，也必须看准恰当的时机。否则，说早了没用，说迟了则徒然自误。

美国大财阀摩根也是一个十分善于抓住机会的人。他也并非完全靠"看"，而是靠对各种事实的分析，在此基础上，形成自己的思想，作出决定。由于他看问题能看到"彼一时，此一时"，因此，他避免了走许多弯路。

当南非布尔战争（1899）爆发的时候，有一个消息传入了摩根耳中："卡内基与佛里克两人似乎有意将钢铁和焦炭及相关的全部钢铁企业股票卖给英尔帮的企业。"捎来这个情报的人，是个非常具有冒险精神的"百万赌徒"盖兹。摩根一直将卡内基视为眼中钉、肉中刺。卡内基这个织布工人的儿子，从每星期挣1美元20美分一直发展到今天这个地步。在财富上，他甚至超过了摩根，成为当时世界上最富有的人。眼下，这个严惩威胁着摩根帝国事业的人，突然急流勇退，又将事业转让给一个后起之秀，对此，摩根怎么能坐视不管呢？按说卡内基这次并非无缘无故的隐退。这其间，他接二连三地遭到丧失亲人的打击。先是他敬爱的母亲撒手而去，然后，他的弟弟汤姆也去世了。时隔不久，在布拉德克他的工厂里，发生了熔炉爆炸事件。他失去了最可信赖的得力助手琼斯丁长。

以后的消息传来，说莫尔同卡内基钢铁的佛里克总裁的谈判没有结果，莫尔拱手相送了100万美元。谈判失败的借口是，莫尔这一方面根本没有财力筹措出那么庞大的资金来。一个庞然大物，当然并非谁都能将它消化掉，尽管人人都想来尝两口。有的人非但无法对付得了，反而闹出"胃病"，落个"偷鸡不成，反蚀一把米"的下场。莫尔就是这种自不量力的人，在放弃了购买卡内基钢铁的念头之后，他又合并了一些小型企业，创设了"美国钢铁"及"美国制罐"两家公司。这两家公司好像是专门为了让摩根吸收合并而特设的。但命运非常惨，在创办不久即被摩根收购。

忽然，又传来了消息，说卡内基这次好像有意要将事业整个卖给洛克菲勒。摩根听到这个消息时，惊奇得不得了。为什么卡内基偏偏没有想起过他？他忙派人去了解情况，然后将事情前因后果联系起来，综合性地用起了脑袋，终于，他想通了："洛克菲勒光石油就够它忙的了，绝对不会买的！他现在必须致力于控制世界石油才好，怎么可能再插手钢铁呢？"摩根决定不再想收购钢铁的事情了，他暗暗地想时机一定会到他头上的。

果然不出所料，没过多久卡内基就主动派人来接触摩根了。原来卡内基并不是没想到他，而是一开始就想到他，但怕主动找他会使自己一方价格被压住。因此放出各种谣言，想刺激摩根主动上门去跟他谈。谁知，摩根早将这些小道消息依靠事实的帮助，一个个击得粉碎，从而赢得了主动权。

【鬼谷子的"诡"点子】

我们常讲做人做事要"明智"。"明"就是要把问题看清楚，要明白。"智"就是采取聪明的对策。我们须知任何事情，都要有一种既明且智的头脑，看清楚了再采取对策。这里讲的是一种看问题应持有的正确眼光，既要看到过去，又要看到现在和将来。

机会来临，准备要足

【古语阐"道"】

是以圣人居天地之间，立身、御世、施教、扬声、明名也；必因事物之会，观天时之宜，因知所多所少，以此先知之，与之转化。

【今言说"道"】

所以圣人生活在世界上，立身处世都是为了说教众人，扩大影响，宣扬名声。他们还必须根据事物之间的联系来考察天时，以便抓有利时机。国家哪些方面有余，哪些方面不足，都要从这里出发去掌握，并设法促进事物向有利的方面转化。

【案例延伸】

胡雪岩被当时的人称为侠商或者东南大侠，什么是侠？武侠小说中的大侠哪个不是胆大包天的主？在现实生活中，胡雪岩也的确有着为人热情、胆大不怕事、助人为乐这样的侠义心肠。在商场上，胡雪岩就更不怕风险了，找着机会就会勇于冒险。

胡雪岩人生最关键的一步——资助王有龄，就是因为他有着敢于赌一把的高风险意识，敢拿前程做赌注，才走出了一步精彩的命运之棋。

那时候胡雪岩不过是一个小伙计，当他遇到十分落魄的王有龄时，知道王急切要走门路求官位。胡雪岩就自作主张，大胆地将老板的五百两白银这样一笔巨款暂时借给了王有龄，以此作为王进京的活动费。

为此，胡雪岩被老板炒了鱿鱼。在当时，他的这种越轨行为无异于是自杀，意味着自己从此将无法在社会上立足。胡雪岩敢把宝押在这样一个落魄者身上，他下的赌注实在是太大了。但正因为赌注大，他得到的回报也更多。面对素不相识之人的慷慨资助，王有龄能不感恩戴德吗？中华民族的传统美德就是"滴水之恩，当涌泉相报"。

王有龄在谋到了官位和肥缺之后，胡雪岩就得到了很多回报：一是启动资金，二是官场的势力，三是为朋友敢于两肋插刀的"义"。有了这三样资本，胡雪岩不想发财都难了。胡雪岩创业时正处于太平天国与清廷对抗的时期，一般生意人为求稳当经营态度都转趋保守，但是胡雪岩却在乱世动荡中看到了商机。

当时，市面上银价的汇兑落差十分不稳定。胡雪岩认为，银价汇兑落差很大，表示钱庄低进高出的机会也大，只要看得准，兑进兑出，两面都有钱赚。

果然，胡雪岩创立的阜康钱庄在不稳定的政局中，不但事业蒸蒸日上，日后更成为他经营政商关系以及跨足其他行业，例如生丝、药店、军火、典当的后备金库。

当时，经营钱庄的人也很多，或许这并不能足以说明胡雪岩就比其他钱庄老板的胆量大。最能体现胡雪岩"刀口舔血"的经商性格，就是他敢于顶着朝廷，吸收太平军的存款。在清政府眼中，太平军是叛乱团体，吸收太平军的财产无疑就是隐匿"逆贼"的财产。朝廷要是知道哪一家钱庄敢替太平军存钱，就会没收钱庄的财产，砍了老板的脑袋。一个商人要是做这样的生意，结果通常是"有命赚钱、没命花钱"，因此当时很多钱庄根本不敢收"太平军"的存款。

胡雪岩为什么敢做这样的"违王法"的生意呢？当然是看见了"刀口"上的"血"，就是风险中的机会，所以不惜冒着舌头被刀口划破的风险，去赚这大钱。

胡雪岩认为，江南素为财富重地，太平军占踞江南多年，并已经劫掠了无数的财富。太平天国首领洪秀全定都金陵修建的金龙殿，柱子全为真金粉末所敷，在英王陈玉成府内也搜出了二十万两的银子，而且太平天国中的下层军官也有敛聚财物的嗜好。

清军与太平军酣战十几年，在清军攻下重要战略城市杭州之后，太平军就呈现出了气数将尽的气象。这时候，许多太平军的中下层军官正盘算着日后如何营生。胡雪岩料定，太平军的人在这个时候只想找一个稳当的地方存放银子，根本不会计较利息。而自己用这笔低利的存款放贷出去，所产生的利息就相当可观，这是一本万利的好生意。

于是，胡雪岩大胆地吸纳太平军的存款，然后再放款给从江浙逃到上海避太平天国之乱的乡绅。胡雪岩为什么放贷给这些人？因为他们在祖籍靠用产收租过活，逃难到上海坐吃山空，日子一久不得不举债过日子。不过，他们跟前虽然没钱，但田产尚在，只要战乱一结束，回到老家照样是神气洋洋的土财主，所以不愁没有偿还能力。

"一人拼命，十人难敌。"经商也是这样，勇气能够让你占据上风、占得先机，往往也能最终取得胜利。胡雪岩是商场上的常胜将军。而他之所以能以令世人咋舌的速度张扬势力，一天比一天强大，很重要的一个原因就是他有胆有识，在看清楚形势的情况下敢冒风险，比别人多了一份令自己走向成功的勇气。

当初，胡雪岩得知青帮要替太平军运送一批从上海购买的军火。因为战事频繁，军火买卖的利润特别大，连回扣都是一笔不小的款子，胡雪岩早就眼红这门生意了，只是不知如何着手。这次他知道了这条消息，正好可以先别人一步，把这笔生意抢来自己做。恰好在这个时候，官府也准备购买五百条毛瑟枪，以加强浙江军营的装备。

胡雪岩粗略算了一下，每支毛瑟枪约五十两银子，五百支就是二万五千两，只要回扣在一分以上，那就至少可以赚到三千两银子，应该是一笔好买卖。

于是，胡雪岩马上收拾行装，雇了一只小火轮，连夜急赴上海。老谋深算的他知道，商场如战场，稍有迟误就会错失良机。而且，胡雪岩还算准了，洋人肯定会一边跟太平军讨价还价，一边拖延时日，以便在最后关头狠狠地敲上太平军一笔。

胡雪岩还估计，太平军欲购的这五百支枪数量巨大，洋人不可能有现货，等到从国外运过来时就应该是一个月之后了。胡雪岩很有信心让洋人将这批军火卖给自己。

胡雪岩到上海后，通过青帮头子廖化生结识了在洋人手下打工的欧阳尚云。从欧阳尚云那里胡雪岩得知事情果真像自己事情估计的那样，太平军所购军火因为现货不足，买卖还没成交麦得利已经发电报向国内催运了，下个月初才可以交货。

胡雪岩一算，还有二十多天时间，二十天用来同洋商周旋，时间上是绰绰有余了。胡雪岩十分自信地认为麦得利一定会改变主意，他会同太平军毁约，把生意转给自己。

在与麦得利谈判的过程中，胡雪岩勇气十足，不因为对方是洋人就害怕，而是理直气壮地让麦得利将军火卖给自己。在关键时刻，甚至威胁麦得利，如果将军火卖给太平军，清政府就会派兵截获这批军火甚至追究麦得利的法律责任。

这样一恐吓，麦得利怕了，既怕自己血本无归，还怕清政府找自己的麻烦。他在得知胡雪岩的财富足以买下英伦三岛中的其中之一时，当即惊得哑口无言，于是乖乖地放弃了原来的计划，把军火卖给了胡雪岩。

【鬼谷子的"诡"点子】

两个人同时看到机会，这两个人就要为夺得这个机会而竞争。结果往往是准备充分的那个人才会取得最终的胜利。总之，机会是属于有准备的人，要想取得机会，把握机会，没有准备，再多的努力也是徒劳！

当行则行，该止则止

【古语阐"道"】

其术也，用之于天下，必量天下而与之；用之于国，必量国而与之；用之于家，必量家而与之；用之于身，必量材能气势而与之；大小进退，其用一也。必先谋虑计定，而后行之以飞箝之术。

【今言说"道"】

如果把这种"忤合"之术运用到天下，必然要把全天下都放在忤合之中；如果把这种"忤合"之术用到某个国家，就必然要把整个国家放在忤合之中；如果把这种"忤合"之术运用到某个家庭，就必然要把整个家庭都放在忤合之中；如果把这种"忤合"之术用到某一个人，就必然要把这个人的才能气势都放在忤合之中。总之，无论把这种"忤合"之术用在大的范围，还是用在小的范围，其功用是相同的。因此，无论在何时何地都要进行谋划、分析，计算准确了以后再实行"忤合"之术。

【案例延伸】

机不可失，时不再来。商战中，经营者总感觉到，机遇总是那么来去匆匆，一闪即逝。机遇不会停留，不能重演，一旦失去，无法补偿，无法追回。

在长江公司的塑胶花牢牢占领欧洲市场后，营业额及利润成倍增长。1958年，长江公司的营业额达1000多万港元，纯利100多万港元。李嘉诚因此赢得了"塑胶花大王"的称号。但是，他并没有停下自己前进的脚步，相反，他还要大力发展，他给公司定的下一个目标就是进军北美。

　　美国和加拿大，是发达的资本主义国家。尤其是美国，幅员辽阔，人口众多，消费水平极高，占世界消费总额的1／4强。李嘉诚陆续承接过香港洋行销往北美的塑胶花订单，但这些都是小额订单，远远达不到他的期望。

　　在竞争激烈的商业社会中，"守株待兔"是纯粹的机会主义，最终只能使工厂走向没落；"酒香不怕巷子深"，是陈旧过时的经营理念，根本就不符合发展快速的信息时代。

　　李嘉诚决定要主动出击。他设计印刷了精美的产品广告画册，并通过港府有关机构和商会了解到北美各贸易公司的地址，然后分别寄了出去，静候佳音。

　　没过多久，果然就有了反馈。北美一家大贸易公司，在收到李嘉诚寄去的画册之后，对长江公司的塑胶花彩照样品及其报价都特别满意，于是决定一周之后派购货部经理亲自来香港一趟，以便"选择样品，考察工人，洽谈入货"。

　　这家公司是北美最大的生活用品贸易公司，销售网遍布美国、加拿大。机会千载难逢，但机会却非长江一家所属。对方的意思很明显，他们将会考察香港整个塑胶行业，或从中选一家作为合作伙伴，或同时与几家合作。

　　李嘉诚面临的又是一场激烈的竞争，这次要比信誉、比质量、比规模，要斗智斗力，方能确定鹿死谁手。李嘉诚的目标是使长江成为北美公司在港的独家供应商。他自信产品质量是全港一流的，但论资金实力、生产规模，却不敢在香港同业中称老大。

　　在香港有十家实力雄厚的大型塑胶公司，不用说别的，就只看工厂的外貌，就足以让人肃然起敬了。长江公司的工厂格局，却还未摆脱山寨式的巢穴，更不用说生产规模了。就这点给来自先进工业国的外商们看了，最起码的第一印象就不够好，而第一印象往往又是很重要的。

给予李嘉诚的时间只有短暂的一周。他召开公司高层会议，宣布令人惊愕而振奋的计划：必须在一周之内，将塑胶花生产规模扩大。

这一年，李嘉诚正在北角筹建一座工业大厦。原计划是等建成之后，留下两套标准厂房自己用。而现在，他只能另外租别人的厂房应急了。为了抢时间，李嘉诚委托房产经纪商代租下一套房子，除此之外，其他所用的资金绝大部分是银行的大额贷款。他以筹建工业大厦的地产做了抵押。

但是这一系列的工作又是那样的杂而多：旧厂房的退租，可用设备的搬迁，购置新的机器设备，新厂房的承租改建，设备的安装调试，还有新聘工人的培训及上岗，工厂又要上新的轨道并保证正常运作……这么巨大的工程，要在一周内完成，在常人看来简直就是天方夜谭，是不可能的事。更何况，只要在任何一个环节上出现了问题，都极有可能导致整个工作计划的失败。那样不仅前功尽弃，而且这其间的耗费又岂是哪一个人能承担得起的？

李嘉诚和全体员工一起，奋斗了整整七昼夜，每天只有三四小时的睡眠。李嘉诚紧张而不慌乱，哪组人该干什么，哪些工作由安装公司做，以及每一天的工作进度，全在日程安排表中标得清清楚楚。就这一点可见李嘉诚的冒险并非草率行事。

考察的那天终于到了。当北美贸易公司的负责人到来时全部的工作也正好结束。李嘉诚把安排全员上岗生产的事情交付给副手去负责，自己亲自驾汽车去启德机场迎接远道而来的客人。

在这位大客商到来之前，李嘉诚早已为他在港岛希尔顿酒店里预订了房间。等到客人上了车，李嘉诚就问这位外商："先生，您是先住下休息一下，还是先去工厂里参观呢？"那位外商不假思索地说道："当然是先去工厂里看一下了。"

外商在李嘉诚的带领下，参观了全部生产过程和样品陈列室，由衷称赞道：

"李先生，我在动身前认真看了你的宣传画册，知道你一定有不小的厂房和较先进的设备，但没想到规模这么大，这么现代化，生产管理是这么井井有条。我不是恭维你，你的厂完全可以与欧美的同类厂媲美！"

李嘉诚欣慰地说道："感谢您对本工厂的赞誉。我可以向您保证我们的产品质量和交货期限。您已经看过我们的报价单，如购货批量大，价格还可以商量。总之，信誉问题，请你们绝对放心。"

"好，我们现在就可以签合同。"外商性急而爽快地说。

外商办完了自己应办的事情之后要回去了，李嘉诚又亲自驾车送他去希尔顿酒店。当李嘉诚要告辞离开时，又诚恳地对美商说："明天我再来接您，带您去参观一下别的塑胶公司，你说怎么样？"

外商笑着说："不必去了，我倒想请你做我的向导，去参观中国寺庙。我知道你的内心，其实并不希望我参观其他厂，这样你好做我们的独家供应商。"

"不，不。"李嘉诚连忙说道："我有这个自信。"

这家北美公司从那天起就成了长江工业公司的大客户，每年来香港长江工业公司的利润都以百万美元来计算。更值一提的是，通过这家大公司，李嘉诚获得了加拿大帝国商业银行的信任，并且发展成为合作好伙伴的关系，进而为李嘉诚进军海外架起了一道桥梁，为李嘉诚成立跨国公司打下了基础。

由于李嘉诚对市场趋势了如指掌，塑胶花的销售行情愈来愈好。他建立了香港乃至世界上最大的塑胶花工厂。到1958年，他的资产已经突破了港币100万元，开始进入"百万富翁"的行列。

有胆有识，敢于拼搏是成功的法宝。一个人若想要成功，就必须敢字当头，以积极的心态面对一切，迎难而上，勇往直前。就算你在人生路上身处逆境，遭遇挫折，只要你有卧薪尝胆、破釜沉舟的拼搏精神，你就一定能够把握时机，扭转乾坤。

鬼谷子
箴言录

【鬼谷子的"诡"点子】

　　人人都明白，时光不会倒流。"时间就是金钱"，在激烈的市场竞争中，虽是老生常谈，却是铁的原则。每一个商战机会，都伴随着一定的时效性，所以精明的经营者一旦发现这样的机会，就要以最快的速度开发它、利用它。因为，机会对任何人都是均等的，差异只在于快慢。谁快，谁就先得益，反之，就会两手空空。

看清自己，左右逢源

【古语阐"道"】

非至圣达奥，不能御世；非劳心苦思，不能原事；不悉心见情，不能成名；材质不惠，不能用兵；忠实无真，不能知人；故忤合之道，己必自度材能知睿，量长短远近孰不知，乃可以进，乃可以退，乃可以纵，乃可以横。

【今言说"道"】

对于一个纵横家来说，如果没有高尚的品德，超人的智慧，不可能通晓深层的规律，就不可能驾驭天下；如果不肯用心苦苦思考，就不可能揭示事物的本来面目；如果不会全神贯注地考察事物的实际情况，就不可能功成名就；如果才能、胆量都不足，就不能统兵作战；如果只是愚忠呆实而无真知灼见，就不可能有察人之明。所以，"忤合"的规律是：要首先自我估量聪明才智，然后度量他人的优劣长短，分析在远近范围之内还比不上谁。只有在这样知己知彼以后，才能随心所欲，可以前进，可以后退；可以合纵，可以连横。

【案例延伸】

买进卖出的关系，看起来很简单，如一手交钱一手交货，实则并非如此，它需要商家去核算一进一出的成本，然后再采取相应的投资措施。李嘉诚是怎样看待买进卖出的关系呢？和黄集团的行政总裁马世民在会见《财富》记者说："李嘉诚是一位最纯粹的投资家，是一位买进东西最终是要把它卖出去的投资家。"

马世民的话，提示了投资者的本质特征：买是为了卖，不卖就不会买。是的，李嘉诚一生都在买和卖，而且所谓生意，又叫"买卖"，一个买了东西是为了自己使用的人，是不能叫作买卖人的。

马世民的话也揭示了李嘉诚在商场上的角色优势。这种优势，或许很多人都明白，但在急功近利心理的驱使下，许多人都不愿做这种角色，而宁可做投机家。

一个纯粹的投资家，很重要的一个方面是不过分地执着某一项业务，不要被一项业务套牢，不管这个业务前景多么诱人。

李嘉诚在生意场中，有时坚持不懈，穷追不舍，甚至不惜"十年磨一剑"，有时却一见不利，及时撤退。无论他继续进取还是退避三舍，都是从该项业务是否有前途考虑的，有利则进，无利则退。

李嘉诚一个个大进大出，都是以"腌股"为后盾的，一待良机出现，便急速抛出。

一个典型的例子是，1987年，李嘉诚在半小时内就下定决心投资3.72亿美元，购买英国电报无线电公司5%的股份。

这是一只值得长期保留的明星股。

3年后，英国电报无线电公司股价涨高，李嘉诚又以同样快的速度，将股票抛出套现，净赚近1亿美元（合近7亿港元），从这里我们看到：李嘉诚在股市中稳扎稳打，善抓机会，是他立于不败之地的根本原因。

李嘉诚凡事都会深思熟虑，有充分的心理准备之后才去做。

众所周知，购买债券是一种极保守的投资，持有人只能享受比定期存款较高的利息，而不能参与分享公司红利。

李嘉诚所购买的债券，大部分都是可转换债券。这种债券有1～3年的期限，若持有人认定该公司业务能稳定增长，可以用债券换成该公司股票，从而获取更大收益。即使不成，也可将债券保留至期满，最终收回本金及利息，所以这种债券既和普通债券一样，具有风险小的优势，又比较灵活，能转换为股票。可以说是将债券和股票的优势合二为一，是一种较为稳健的投资方式。

1990年，李嘉诚购买了约5亿港元的合和债券。另又购买了爱美高、熊谷组、加怡等13家公司的可转换债券共计25亿港元。

在此后的发展中，胡应湘的合和表现最为出色，先后拿下广东虎门沙角电厂C厂、广深珠高速公路、广州市环城高速公路及泰国架空铁路等大型工程兴建合同，一时名声大噪，众豪争扯他的衫尾。

见此情势，李嘉诚马上把合和债券兑换成股票，这样一来，当初价值5亿的股票，到3年后升值为近9亿，账面溢利达3亿多港元。同样，李嘉诚购入的其他可转换债券，也大都有不俗的表现。

李嘉诚投资债券，既符合他一贯的"稳健中寻求发展，发展中不忘稳健"的发展方针，同时也符合分散风险的投资原理，属于两条腿走路，游刃余地更大。

不过，最能体现李嘉诚超人投资风格的事例，也许是与华资财团欲再次联手合作，吞并垂暮狮子置地。

当时，各种收购的传闻纷纷扰扰，众多财大气粗的华商大豪，均被认为可能染指置地：长江实业的李嘉诚，环球集团的包玉刚，新世界发展的郑裕彤，新鸿基地产的郭得胜，恒基兆业的李兆基，信和置业的黄廷芳，香格里拉的郭鹤年等，皆在此列。另外，股市狙击手刘銮雄，亦可能趁虚而入，狙击置地这个庞然大物。

据说刘銮雄登门拜访怡和集团，提出要以每股16港元的价格，收购怡和所控25%的置地股权。怡和量事西门·凯瑟克愤然拒绝，一来嫌刘氏太过贪心，出价如此之低；二则刘氏在股市名声欠佳，怡和不愿意把多年苦心经营的置地交付于此等人手中。

头脑甚为精明的刘氏只得告退。其后又有多位大老板纷纷前往拜访西门。西门既不彻底断绝众猎手的念头，又高悬香饵，惹得众人欲罢难休，欲得不能。

不过，这些都是传闻，是真是假，难以他辨。其中流传最广的要数以李嘉诚为首的华资财团了。

据说，李嘉诚也曾拜访西门·凯瑟克，表示愿意以每股17港元的价格收购25％置地股权，这比置地10港元多的市价，溢价6元多。但西门·凯瑟克对这个出价仍不满意，但他也未把门彻底堵死。他说：

"谈判的大门永远向诚心收购者敞开——关键是双方都可接受的价格。"

于是李嘉诚等人与凯瑟克继续谈判，双方一直很难达成一致。

李嘉诚在谈判中不想表现得太积极，同收购港灯时一样，他有足够的耐心等待有利的时机。此时，香港股市一派兴旺，很快便攀上历史最高峰，并非低价吸纳的最好时机。

然而天有不测风云，扶摇直上的香港恒指，受华尔街大股灾的影响，突然狂泻。1987年10月19日，恒指暴跌420多点，被迫停市后于26日重新开市，再泻1120多点。股市愁云笼罩，令投资者捶胸顿足，痛苦不堪。

香港商界惊恐万状，大家自身尚且难保，再也没有余勇卷入收购大战了。此时自救乃当务之急。置地股票跌幅约四成，令凯瑟克寝食难安。

李嘉诚的"百亿救市"，成为当时黑色熊市的一块亮色。证券界揣测，其资金用途，将首先用作置地收购战的银弹。

正如一场暴风雨一样，这次股灾来得猛，去得也快。等到1988年3月底，沉入谷底的恒指开始回攀。银行调低贷款利率，地产市况渐旺，股市也逐渐开始转旺。

事后，报纸披露，1988年二三月间，李嘉诚等华商大亨，曾多次会晤西门·凯瑟克及其高参包伟士。

一直善于等待时机、捕捉机会的李嘉诚，这次为什么没有借大股灾在其焦头烂额之际趁火打劫呢？须知股灾中置地股价跌到6.65港元的最低点，即使以双倍的价格收购，也不过13港元多，仍远低于李嘉诚在股灾前提出的17港元的开价。

原来，收购及合并条例中有规定，收购方重提收购价时，不能低于收购方在6个月内购入被收购方公司股票的价值。10月的股灾前，华资大户所吸纳的置地股票部分是超过10港元的。这就是说，假设以往的平均收购价是10港元，现在重提的收购价就不得低于10港元的水平，而6个月后，将不再受这一限制。

4月中旬，股灾发生后已过了整6个月。此时，置地股从最低点回升后，仍在8港元的水平上徘徊，仍低于股灾前的水平，依然对收购方有利。

最后，由于置地强力进行反收购，使李嘉诚的收购成为不合算行为。于是李嘉诚毅然放弃了已经花费了大量心血、做好了充分准备的收购。

这次收购虽然最终没能成功，但是李嘉诚的做法却值得称道。因为投资不可以意气用事，打得赢就打，打不赢就走，在两败俱伤中夺取微弱的胜利，在一般情况下不是真正的投资家的应有做法。在这个意义上，甚至可以说李嘉诚退出收购反而是一个胜利。

事实上，他从不偏爱任何一项业务，他说："不要与业务'谈恋爱'，也就是不要沉迷于任何一项业务。"

【鬼谷子的"诡"点子】

在任何时候，在任何情况下都需要看清自己，认清自己所处的形势和地位，只有这样，才能制定适合自己的策略和应对的方法，只有这样，才能让自己在所处环境中，左右逢源，立于不败之地。

卷七　鬼谷箴言，揣情之道

　　本卷讲鬼谷子"揣术"，"揣"就是揣度的意思，鬼谷子的"揣术"归根结底，就是揣度人情，权衡某一件事情的得失，从而发现其中隐藏的真相。运用在现代生活中，就是告诫我们在和竞争对手博弈时，一定要先揣度对方的心理，挖掘出对方内心的东西；只有这样，才能为我们下一步要采取的措施做好准备。

认清现状，有迹可循

【古语阐"道"】

古之善用天下者，必量天下之权，而揣诸侯之情。量权不审，不知强弱轻重之称；揣情不审，不知隐匿变化之动静。

【今言说"道"】

古时候，善于治理天下的人，必然会审慎地把握国家的发展趋势，揣度各诸侯国的具体情形。如果不能周密切实地审时度势，权衡利害，就不会知道诸侯国的强弱情况。如果不能周密地揣度形势，便不知道个中隐蔽的情况发展变化。

【案例延伸】

说话人不能我行我素，想说什么就说什么，而要看不同的对象说不同的话，创造一种和谐、融洽的气氛，达到说话的目的。

交谈要讲究艺术，恰当有礼。"恰当有礼"，其实是一个"得体"的问题，也就是要把话说得适人、适时、适地、适情。话是对人讲的，所以说话要注意"因人而言"，要看对象说话。这也就是俗话所说的，到什么山唱什么歌，见什么人说什么话。因为这样谈话会更具有针对性，容易引起共鸣。"适时、适地"即讲话要注意时间、场合。"因情而言"，即说话时要考虑对方的心情，好的心情才能营造出愉悦谈话氛围，有利于进一步沟通交流。有一个名词叫"职场语言学"，就是教人在工作时如何说话，针对不同的人要说不同的话。运用"职场语言学"中所学的语言艺术，可以让你在公司里说话受到同事的欢迎，至少不会因为说话不当而被炒鱿鱼。

139

　　在很多地方和场合说话都要注意自己的语言艺术，这确实是十分重要的。掌握人际交往中的语言艺术并不是一件坏事，它并不只会使人的嘴巴变得好像是油嘴滑舌似的，它可以让你学会如何与别人交往。之所以说话要看对象，是因为说话总是双向的，不论是在公共场合发表演讲，还是在和朋友或者刚刚认识的人随意交谈，都要注意谈话对象。说话人就要看对象说话，从对象的不同特点出发，说不同的话，而不能随心所欲，想说什么就说什么，这样创造一种和谐、融洽的气氛，达到交谈的目的。

　　在交谈中，注意对象的身份是十分重要的，忽视这一点，往往会引起别人的反感，甚至可能造成不必要的矛盾。

　　要做到说话看对象，了解对象是必要的。对家人，以及亲朋好友，说话的方式要因人而异，所说对象不同，方式就不一样。李密的《陈情表》写得催人泪下，当然不少人觉得李密这人不厚道，如果真的是这么有孝心的人干吗用那么多的语言说自己多么凄惨、祖母多么悲凉？其实我想这篇文章之所以要这么写，是因为看这篇表的人是司马炎的缘故。司马炎是篡位之君，本就名不正言不顺，再者，蜀的很多将士并不是真心归顺，他几次要求李密做官而被拒绝，所以心生疑惑。再加上司马炎疑心十分重，如果李密这次上表不够煽情是会死的，所以文章写得过于深情就可以理解了。换言之，如果李密是给诸葛亮或者刘备上表，这样写的话就不行了。可见说话不看人，必然词不达意，说了白说。

　　如果对对方非常熟悉，说话时自然会注意到不同特点。然而对于初次相识的人，就不那么容易了。我们很容易看出来对方的性别、年龄，但是身份、职业、文化修养等，则必须通过语言交谈才能了解。因此，与陌生人见面，首先要做的不是急于说什么，而是先听对方的话语。如果对方彬彬有礼，你也应该文雅、和气、谦逊；如果对方说话很坦诚，你也应该实在，想到什么就说出来，不要拐弯抹角。总之要在了解对象的基础上，说出合适的、有礼貌的话。

　　现在有人说话口无遮拦，甚至不经过大脑思考脱口而出，这样的话虚无且没有内涵。说话不看对象、不分场合经常会给自己招来祸患，或者是埋下祸根。口无遮拦乱说一通给自己带来的只能是"痛苦"，而不会是"快乐"。

【鬼谷子的"诡"点子】

　　不光是说话时要认清现状，知道什么该说什么不该说，做事情也一样，认清了现状，就知道自己该朝哪个方向来努力，以此来达到自己最终的目的。

细心揣度，再做判断

【古语阐"道"】

何谓量权？曰：度于大小，谋于众寡；称货财有无之数，料人民多少、饶乏、有余不足几何？辨地形之险易，孰利孰害？谋虑孰长孰短？揆君臣之亲疏，孰贤孰不肖？与宾客之智慧，孰多孰少？观天时之祸福，孰吉孰凶？诸侯之交，孰用孰不用？百姓之心，孰安孰危？孰好孰憎？反侧孰辨？能知此者，是谓量权。

【今言说"道"】

什么叫作"量权"呢？要了解诸侯各国的谋略大小，就要从他们的谋臣多少入手，要分析这些谋臣的真实才干，就要看他们平时的表现，他们究竟筹划了多少有价值的谋略，采用如此的方法，就可以分析出这些诸侯国的谋略大小了。要想知道各个诸侯国的能力大小，就要对他们的物质、财币数量进行对比，只要通过了解他们人民的生活水平进行分析就知道了，人民富足则国富足，人民苦难则国贫穷。要分辨各个诸侯国的地理位置，要考察这些诸侯国的地形、地貌，山川、河谷，天险、屏障等情况，以知道他们的攻守情况。从而可以推测出他们的长远打算。要根据各个诸侯国君臣关系的亲密程度，来判断在这些诸侯国中是忠臣被重用还是奸臣当道。要观察各个诸侯国采纳外来宾客的智谋多少，来判断这些诸侯国的谋略渠道。要观察各个诸侯国的天时吉凶祸福，来判断他们的太平情况、稳定情况，判断出老百姓的稳定情况，从而判断他们政权的稳定情况。要从各个诸侯国的外交政策着手，来分析他们之间的微妙关系，找出他们外交关系的破绽，从而制定谋略以确定联合谁、敌对谁。还必须注意的是，要清楚哪些诸侯国具有从反面事件推测正确结论的能力。如果不注意这个问题，很有可能精心制定的谋略，会被别人识破，功亏一篑。能够做到前面叙述的这些，就叫作"量权"。

【案例延伸】

任何事业，某种意义上都是局部的事业，都在一定的大局之内，要想把事业做好，必须先察大局，认清其有利条件和不利条件，特别是大局的发展趋势，然后借势生风。不然的话，纵有千条妙策，亦难有所作为，纵使有所作为，因为局部毕竟决定不了全局，也算不了什么。

曾国藩从办团练那一天开始，因为没有实权，又没有军饷，兵力发展不快，真是惨淡经营，屡战屡败。而他想要实权以便办事的想法，更是屡遭挫折。

至咸丰十年止，曾国藩以客寄的身份办团练，建湘军，剿杀太平天国已有七八个年头。其间，咸丰三年攻克武汉，巡抚一职与他擦肩而过，后来，他费尽心机，甚至剥下理学家的面具，在守父丧期间伸手公开向清政府要督抚的位置，但遭到拒绝；再往后，听到石达开要进入四川，胡林翼等人闻风而动，鼓动官文上疏请清廷将四川总督大印交给湘军第一统帅，事情还是没有成功。

咸丰十年四月，清包围"天京"（今南京）江南大营的溃败给曾国藩带来了绝好的机会，胡林翼等湘系高级首脑立即聚于曾国藩的大营宿松，开始紧张的密谋。

江南大营拥有重兵七万余人，集中了清廷正规军中最精锐的部分。闰三月十五日，经过与太平军九昼夜之战，江南提督张国根溺毙河中，总兵阵亡。至四月初六日，清廷深倚重的和春败走常州后在浒墅关惊悸而死。至此，屏蔽江南财赋重地的江南大营将死卒亡。

正是在这突如其来而又事关湘军集团发展的至关重要的时刻，湘军首领开始陆续赶赴曾国藩所驻防的宿松。曾氏兄弟、左、胡、李元度等，在此前后在曾国藩的住地宿松畅谈时间长达二十三日夜，达成了"共赴"艰难的共识，对各自的发展影响甚大。

宿松会议是湘系势力的发展乃至扭转全局的重要会议。第一，左宗棠被控案已结，对稳定湖南大有裨益。尤其是咸丰帝旨令最后一节，询及左宗棠多年"拂郁之隐"，左宗棠感激涕零，表示"此后再不意气用事，听候曾国藩的消息，如有可出之理，未敢固执"。第二，壮大了湘系力量，湘系重要人物出现了空前的"团结"，在重要问题上达成"共识"。第三，对江南大营溃败后，清廷可能进行的重大人事调整进行了预测，认为两江总督一缺，曾国藩与胡林翼两人中必有一人担此大任。这对鼓舞"士气"，有重要意义。第四，左宗棠的才能更为全国所知。曾国藩的幕僚黎庶昌编订《曾国藩年谱》时就曾明确指出：左宗棠"留营中两旬，朝夕纵谈东南大局，谋所以补救之法。"而作为清政府倚为干城的江南大营的溃败，也在政治、军事上为湘军势力的发展扫清了障碍。但当时湘系中有许多人却并没有意识到这是一个转机。左宗棠却敏锐地意识到了这一点，他说："天意其有转机乎？"有人不解其中妙处，他又解释说："江南大营将蹇兵罢，万不足资以讨贼，得此一浩荡，而后来者可以措手。"众人始悟。

果然不出湘军将领所料，宿松会议结束当日，清廷即下旨令曾国藩署理两江总督，曾国藩从此才可以名副其实地干一场了。

但是在走出这一步之前，曾国藩不会忘记把他的行动和时代脉搏联系起来考虑。而曾国藩所把握的天下大势的主要方面之一，就是清王朝的命运以及朝廷内的变故。

咸丰十一年湘军攻下安庆立下大功之后，曾国藩在面临新的进退抉择关头时，便对清朝的情况倍加关注。其实曾国藩以及像胡林翼等高明之士虽然身在疆场，但却一贯对朝廷大事非常关注，并且从来都反应非常敏感，因为朝廷上的任何变化都有可能影响到他们个人以及湘军这个集团的利益与未来。

胡林翼和曾国藩是在八月初，也就是湘军攻占安庆后大约一星期之后，得知咸丰皇帝驾崩消息的，但这消息来源于友人之间的私人通信。

胡林翼在获知此情之后，当即写信向曾国藩表示：朝廷七月十七之事，主少国危，又鲜哲辅，殊堪忧惧。

由于御前大臣肃顺等人久久隐丧不报，胡林翼和曾国藩天天在军营中等待进一步的消息，却长时间未接奉国丧明诏，越发让他们忧心忡忡。胡林翼竟至半夜惊起，仰望上苍，哀声长叹："京师必有大事发生，不知是祸是福。"

专制统治易于保守政治机密，加上通信和交通条件的落后，信息的传递也就非常慢。

慈禧太后在北京发动政变处决肃顺军一个多月的时间里，身居安庆的曾国藩等人竟然一无所知。直到12月15日，曾国藩才首次得知其初步消息。这一天，他一共接奉廷寄四件，中有谕旨一道，又有军机处转抄的不知上奏人姓名的奏折一件。他先扫了一眼抄示的奏折，发现咸丰皇帝所立赞襄政务八大臣的名字都在上面，便立刻引起了他的高度警觉。仔细读来，只见奏折中写道："载垣、肃顺、端华明正刑典，人心欣悦。"但奏折并未说明赞襄政务大臣们是哪一天被逮被杀的，也未说他们犯了何罪。曾国藩看后，真是吓了一大跳。

他赶紧拿起谕旨看个究竟，以为谕旨会对此事做出解释。更让他惊异的是，谕旨却一字未提赞襄政务八大臣的事，而是公布了有关他自己的新的职务任命，其中写道：钦差大臣两江总督曾国藩着统辖江苏、安徽、江西三省，并浙江全省军务，所有四省巡抚、提督以下各官，悉归节制。

曾国藩通过对朝廷内的大势的把握与深入细致的分析，得出这既是重用又是警告、鞭策自己，认为自己权太重，位太高，虚名太隆，因此必须辞谢大权的结论。这一决定无疑是正确的。不仅使自己进一步摸清了清政府的意图，为自己下一步决策提供了参考，而且也使清政府心甘情愿地更为放心地将大权交给曾国藩。清廷让曾国藩节制四省军务的决定具有非凡的象征意义。曾国藩作为湘军的创始人和统帅，曾长期受清廷的猜忌与压抑，自从1860年摆脱这种状况以来，其权势日渐增大，在清朝政治军事权力格局中的地位稳步上升。现在，清廷不但对他已完全表示信任，而且还为了能让他更好地发挥作用，竟然不惜打破祖制旧规，清廷此时也并不是不知道地方督抚权力过大，会有尾大不掉的危险，最终结果就犹如慢性自杀，但为了打败最大的敌人，他们已顾不得那么多了。

曾国藩在把握了朝廷的这些内情与动态后，根据自己的推断，找出了自己思考的重点以及行动的方向。他认为，以现在的形势推断，最应担忧的，不再是朝廷内部的矛盾问题，因为对于清廷中央来说，他们现在最大的敌人仍然还是太平天国，为了打败这个你死我活的对手，是可以暂时将权力下放给湘军将领的，即使做出一些超越体制和常规的做法，也是能够接受的。慈禧太后和奕诉将政变的消息以一种婉转的方式告诉曾国藩等人，虽然有敲打湘军将领的意思，但并不希望他们就此裹足不前，他们更主要的还是要鼓励他们更好地为朝廷办事，赶紧将太平天国彻底打垮。而随着湘军实力的扩展、地位的提高，真正需要曾国藩担忧的则是集团内部的维系问题。曾国藩已经很明确地意识到了这一点。

因此曾国藩在把握了这样的"天下大势"之后，采取了一系列的果断行动，如为湘军集团的长远利益及维护他的个人权威，将有深厚交情被他称为"三不忘"的朋友李元度弹劾革职；为出一口积之已久的恶气，拖延救援危在旦夕的政敌王有龄的时间，终于使王有龄没有得到及时救援陷城而死，以及让李鸿章办淮军援攻上海等理性或有远见的安排。为后来湘军攻下天京做了有力的准备。

这些，都是在把握天下大势的情况下才具有的远见和胆识。

【鬼谷子的"诡"点子】

一个做大事的人，必须谋之深远，在别人不能发现机会的地方发现机会，在别人不能谋取利益的地方谋取利益，而这些都需要对大局有一定的把握，对现实有深刻的洞察，对未来有着准确的预期，在战略上有一个明确的规划。

了解隐情，但别耍滑

【古语阐"道"】

揣情者，必以其甚喜之时，往而极其欲也；其有欲也，不能隐其情。必以其甚惧之时，往而极其恶也；其有恶者，不能隐其情。情欲必出其变。感动而不知其变者，乃且错其人勿与语，而更问其所亲，知其所安。夫情变于内者，形见于外，故常必以其者而知其隐者，此所以谓测深探情。

【今言说"道"】

所谓"揣情"，就是在对方非常高兴的时候，顺着他把他的欲望诱导到顶峰。因为他有欲望，所以他不能隐藏他的真实情况。在对方非常恐惧的时候，顺着他把他的厌恶诱导到顶峰。因为他有恐惧，所以他不会隐藏他的真实情况。感情欲望必然出自于表情变化。动之以情晓之以理都不能看出他的变化的人，就不能再和他说这个话题了，要从他所亲近的事说起就可以了解他的嗜好，就可以知道他内心深处的真实想法。内心深处的改变，必然会在外表体现出来，所以用这种方法可以了解到别人内心深处的隐情，这就是所谓的"测深探情"。

【案例延伸】

俗语有"雁过留声，人过留名"，无非是表明人们对名声的重视。大多数人都有功名之心，也正是因为功名之心，人们才会拼搏奋斗。为取得功名有人做出了巨大的牺牲，甚至失去了生命。

但是，在求功名的过程中，人们的表现方式各异。有人认为要想取得功名，就得向外人证明自己有才。于是，他们会在众人面前展示自己，标榜自己的实力。没有赏识者的时候，他们仍然会表现自己的与众不同。这类人为了证明自己不是庸才，便选择了炫耀自己，结果为此遭到的反感、忌恨远远超过了赏识。

曾国藩遍读古书，深谙锋芒毕露招祸患的道理。他常以古人为鉴，检点自身，生怕自己因为露出锋芒而遭忌受挫。

曹操曾命属下为自己建造一处花园，属下尽心尽力，很快将花园建好，请曹操前去观看。曹操去后，面无表情，没有对所建花园发表看法，只是提笔在门上写了一个"活"字，便匆匆离开。属下人苦苦思索，仍然觉得茫然。杨修对众人说道："门上添一'活'字，自然为阔，丞相觉得花园门太大了而已。"于是，主管此事的人立即对已建花园进行翻修，建好后再次请曹操前来观看。曹操见后，心里很高兴。不过得知是杨修解其意后，心中不是滋味。

事后不久，塞北官吏给曹操送来了一盒酥饼，曹操即兴在盒子上写下了"一合酥"三个字，然后将其置于台上。杨修看到后，即刻将酥饼取来与众将士同享美味。曹操问杨修为何不经过自己的准许便将酥饼分与众人，杨修却解释说，"一合酥"乃"一人一口酥"之意，既然丞相如此命令，不敢不从。曹操听后，脸上虽然高兴，心中却暗暗妒忌杨修的才能。曹操猜忌心很重，他怕别人会暗杀他。于是常对手下说，他睡觉时总是做一些杀人的梦，告诫他们不要在他熟睡时靠近他。一日，曹操睡觉的时候将被子蹬到了地上，一侍从慌忙拾起被子准备给他盖上。这时，曹操一跃而起，拔剑就刺，侍从一命呜呼。曹操继续上床睡觉，醒后，假意不知其事，召人问之。待知实情后，曹操大哭，甚为痛苦，随后厚葬被杀侍从。杨修一语点破曹操的心思："丞相非在梦中，而君在梦中。"曹操对其更加忌恨，欲找借口杀了杨修。

曹操带兵驻扎汉中一带，本想速战速决，不想竟与刘备大军形成对峙局势。曹操心中极为矛盾，进退难定。一天，厨师送上鸡汤，曹操见碗底有鸡肋，顿时心生感慨，暗自沉吟。适逢夏侯淳前来禀请夜间号令，曹操脱口而出："鸡肋！鸡肋！"夏侯悖误以此为号令，将其传出，众人皆知。作为行军主簿的杨修立即令随行军士整理行装，为撤退做好准备。夏侯悖不明白杨修所为，急忙赶往其帐内。杨修说道："鸡肋者，食之无肉，弃之可惜。今进不能胜，退恐人笑，在此无益。来日魏王必班师矣。"听了杨修的一番解释，夏侯悖甚感有理。曹操知道事情缘由后，异常愤怒，以造谣惑众的罪名将杨修处死。

杨修恃才傲物，屡次引发曹操忌恨，得此下场也是必然。历史上不乏类似杨修之人。隋代的薛道衡，天资聪颖，十来岁便能够将《左氏春秋传》烂熟于心，并能够讲给别人听。隋文帝在位时，薛道衡因出类拔萃在朝廷任内史侍郎。文帝死后，炀帝即位。炀帝很是自负，他自认为文才很高，无人可以居其右。

炀帝时，薛道衡先在潘州任刺史，后被召至京城，在宫廷内做事。他作有《高祖颂》，其文辞自然超群，炀帝阅后，心生怨恨，妒其才。御史大夫火上浇油，在炀帝面前搬弄是非，说薛道衡自认为才华横溢，没有人可以超过他，尽管有人指责他，他仍然我行我素，不把炀帝放在眼里。炀帝本来就对薛道衡不满，于是随便找了个借口就将其绞死了。

虽天下人都为薛道衡鸣不平，那又如何？封建王朝，君要臣死，臣不得不死。如果薛道衡不露锋芒，就不会引起炀帝嫉恨，也就不会招来杀身之祸。

木秀于林，风必摧之；堆土出岸，流必湍之；行高于人，众必非之。有才，并不意味着能仕途通达，它需要有德来约束。这里的德，乃是指掩盖锋芒的自制力。

关于才德，曾国藩有自己的看法，他曾写过这样一段文字：

"司马温公曰：'才德全尽，谓之圣人；才德兼亡，谓之愚人。德胜才，谓之君子；才胜德，谓之叫人。'余谓德与才不可偏重。譬之于水，德在润下，才即其载物溉田之用；譬之于木，德在曲直，才即其舟楫栋梁之用。德若水之源，才即其波澜；德若木之根，才即其枝叶。德而无才以辅之，则近于愚人；才而无德以立之，则近于小人……二者既不可兼，与其无德而近于小人，毋宁无才而近于愚人。自修之方，观人之术，皆以此为衡可矣。"

曾国藩的见解颇为独到，洞察了德与才的相互关系。他认为，有才无德，便会恃才傲物，目中无人，最终会自食恶果。

曾国藩之所以有这样的见解，正是吃了很多苦头后才体味出来的。

曾国藩的前半生，处处锋芒太露，因此处处遭人忌妒，受人暗算，连咸丰皇帝也不信任他。1857年2月，他的父亲曾麟书病逝，清朝廷给了他三个月的假，令他假满后回江西带兵作战。但三个月后曾国藩却伸手要权，遭到了皇帝的拒绝。同时各方面的舆论认为此次曾国藩离军奔丧已属不忠，此后又以复出作为要求实权的砝码，这与他平日所标榜的理学家面孔大相径庭。对他发出种种指责与非议，对于朋友的规劝、指责，曾国藩还可以接受，如吴敏树致书曾国藩谈道"曾公本以母丧在籍，被朝命与办湖南防堵，遂与募勇起事。曾公之事，暴于天下，人皆知其有为而为，非从其利者。今贼未平，军来少息，犹望终制，盖其心态有不能安者。曾公诚不可无是心，其有是心而非诡言之者，人又知之……奏折中常以不填官衔政被旨责，其心事明白，实非寻常所见。"吴敢把一层窗纸戳破，说曾国藩本应在家守孝，却出山，是"有为而为"，上给朝廷的奏折有时不写自己的官衔，这是存心"要权"。在内外交困的情况下，曾国藩忧心忡忡，遂导致失眠。在经历了一段时期的自省自悟以后，曾国藩在自我修身方面有了很大的改变。及至复出，为人处世不再锋芒毕露，日益变得圆融、通达。

生活中，他也尽量做到不露锋芒，将才华深藏。他曾说过："吾平生短于才，爱者或以德器相许，实则虽曾任艰巨，自问仅一愚人，幸不以私智诡谲凿其愚，尚可告后昆耳。"

这里有一封他写给陈源兖和郭嵩焘的信：

"易念园归，称岱云有《之官诗》四章，未蒙出示。（近各省有拐带幼儿之案，京城亦多，尊处有之否？若有，须从严办也。）杜兰溪于闰月抄奉母讳，将以八月出都，留眷口在京。胡咏芝来京，住小珊处。将在陕西捐输，指捐贵州知府万余金之多。不费囊中一钱，而一呼云集，其才调良不可及，而光芒仍自透露，恐犹虞缺折也。岱云在外间历练，能韬锋敛锐否？胡以世态生光，君以气节生芒。其源不同，而其为人所忌一也。尚祈慎旃！（陕甘番务办毕，尚为妥善。云南回务尚无实耗，大约剿抚兼施耳。镜海文尚在南京。）比移广信，士友啧啧以肥缺相慕，眼光如豆，世态类然。"

在这封信中，曾国藩提到陈源兖凭着个人气节引人注意，胡林翼凭着擅长交际露出不俗气息，虽然二人才能出众的途径不同，但都没有掩盖锋芒，都会招人忌恨的。

曾国藩认为，为人与书法有相通之处。书法有藏锋之说，藏锋收尾才能笔落惊鸿，写出上乘的作品，做人也是如此。

锋芒不露讲的就是一个"藏"字，仅这一个"藏"字，就包含着无穷意味。"藏"的目的，是不让别人发现自己的长处，不引起别人的妒忌，更好地保护自身，是等待时机，在最有把握的时候出击，令敌人大吃一惊，防不胜防。

处世中，有人锋芒毕露，有人藏锋露拙。曾国藩则属于后者，他虽有才干，却不轻易外露。毕竟，才华横溢会遭人忌恨和打击，最终导致事业上的失败。

《易经》上说："君子藏器于身，待时而动。"这里的"器"，便可引申为才华、实力。没有才干，想要有大作为，无疑是很困难的。但有了才干，却不加掩饰，锋芒尽露，这些"锋芒"或者"器"便如同带刺的玫瑰，很可能触痛别人的不平衡心理，于是，人们便会反击，将其"锋芒"拔掉，将其"器"缴械。

曾国藩有言："处兹大乱未平之际，惟当藏身匿迹，不可稍露头角于外，至要至要。"

【鬼谷子的"诡"点子】：

古今多少人，他们目光短浅，急于求成。他们不愿意放过任何可以表现的机会，一旦表现，则力求做到淋漓尽致，恨不得将心掏出来给别人看。殊不知，他们犯了激进的毛病，这样做的结果只能让自己陷入被动。如果自己有才，不一定能够得到别人赏识，有时候还会让掌权者产生妒忌，如曹操妒杨修之才，炀帝妒薛道衡之才；如果自己无才，却在大庭广众之下极力自我表现，无异于班门弄斧，拙笨之处暴露无遗，给别人留下可乘之机。

小处着手，用心揣情

【古语阐"道"】

故计国事者，则当审权量；说人主，则当审揣情；谋虑情欲，必出于此。乃可贵，乃可贱；乃可重，乃可轻；乃可利，乃可害；乃可成，乃可败；其数一也。故虽有先王之道、圣智之谋，非揣情，隐匿无可索之。此谋之大本也，而说之法也。

【今言说"道"】

所以谋划国家大事的人，就应当详细衡量本国的各方面力量；游说他国的君主的人，则应当全面揣测别国君主的想法，避其所短，从其所长。所有的谋划、想法、情绪及欲望都必须以这里为出发点。只有这样做了，才能得心应手地各种问题和对付各色人物。可以尊敬，也可以轻视；可以施利，也可双行害；可以成全，也可以败坏，其使用的办法都是一致的。所以虽然有古代先王的德行，有圣人的高超的智谋，不揣度透彻所有隐蔽的和深藏的实情，将什么也追求不到。这是智谋的基础和游说的通用法则。

【案例延伸】

你必须要明白，在绝大多数情况下，话是说给别人听的。说不说由你做主，有没有用由别人决定。没用的话没必要说，说了也白说，很简单，那是废话。所以，要让说出来的东西有用，至少不至于成为废话，你需要学会关注听者的表情

关注听者的表情，说俗了实际上就是"察言观色"。古人其实并不反对"察言观色"，甚至有的时候还极为提倡。只是到了20世纪，"察言

观色"才逐渐成为人们口诛笔伐的对象。而现今，随着学术理论的不断完善，人们认知水平的不断提高，"察言观色"已经成为了许多人信奉和推崇的一种极其重要的职场情商能力。

美国哈佛大学心理学教授加德纳博士在他的"多元智能"理论中，把察觉并区分他人的情绪、意向、动机及感觉的能力（包括对他人脸部表情、声音、动作的敏感性，辨别不同人际关系的暗示以及对这些暗示做出适当反应的能力）称作为"人际智能"。缺乏"人际智能"的人，很难与他人进行有效的沟通，也很难在社会实践中取得成功。沟通学者的研究发现，人们在沟通时，有7%的效果来自于说话的内容，38%取决于声音（音量、音调、韵脚等），而有55%取决于肢体语言（面部表情、身体姿势等）。因而，在解读他人心意时，重要的不只是听他说了些什么，更要紧的是看他怎么说。可见，由于人们之间超过90%以上的交流都是通过非语言方式完成的，所以说话不仅要用嘴巴，更要用眼睛。

当然，"察言观色"不是拍马奉承，关注别人的表情也不是说要投谁的所好，要用假话去蒙蔽别人。我们赞同"察言观色"，提倡与人交流时"关注别人的表情"，目的为了使我们在说话的时候能够尽量选择别人容易接受的方式，使别人能够真正听懂和接受我们所说的东西，增强说话的效果，提高交流的效率。

某个销售员到一家公司去销售复印机，费了好大的劲才见到经理，经理爱理不理地答道："我暂时不需要复印机，谢谢你。"说完就埋着头摆弄着手里的鱼竿。

这位销售员看到经理专心摆弄鱼竿的样子，猜到他一定很喜欢钓鱼，于是他说道："王经理，这是富士竿吧？"

"唔，是啊，我新买的，怎么，你也懂钓鱼？"

"啊，钓过。"

"哎，钓鱼可有学问，可不是谁都能掌握的，你说说看，钓鱼有哪技巧？"

两人越谈越投机，经理好像遇到了知音，十分开心。这位销售员也在双方融洽、愉快的交谈中促成了生意。

从这则案例中我们不难发现，推销自己，影响别人，让别人听我们的"话"，不是简单的仗义直言就能够办得到的。人际交往中，对他人的言语、表情、手势、动作以及看似不经意的行为进行较为敏锐细致的观察，往往能够使我们与他人的交流更加容易，取得意想不到的效果。

当然，关注听者的表情，也是要有重点的，除了其他方面外，对眼睛的观察最为重要。从医学上来看，眼睛在人的五种感觉器官中是最敏锐的，大概占感觉领域的70%以上，因此，被称"五官之王"。孟子云："存之人者，莫良于眸子，眸不能掩其恶。胸中正，则眸子降，胸中不正，则眸子眩。"从眼睛里流露出真心是理所当然的，"眼睛是心灵之窗"。

深层心理中的欲望和感情，首先反映在视线上，视线的移动、方向、集中程度等都表达不同的心理状态。观察视线的变化，有助于人与人之间的交流。爬上窗台就不难看清屋中的情形，读懂人的眼色便可知晓人们内心状况。有人总结了一些关于眼色的所谓规律，尽管不一定全部正确，但即使仅仅只是作为一个参考，也可以给我们以借鉴。

1.我们看眼睛，不重大小圆长，而重在眼神。

2.你见他眼神沉静，便可明白他对于你着急的问题，早已成竹在胸，稳操胜算。只要向他请示办法，表示焦虑，如果他不肯明白说，这是因为事关机密，不必要多问，只需静待他的发落便是。

3.如果你见他眼神散乱，便可明白他也是毫无办法，徒然着急是无用的，向他请示，也是无用的。你得平心静气，另想应付办法，不必再多问，这只会增加他六神无主的程度，这时是你显示本能的机会，快快自己去想办法吧！

4.如果你见他眼神横射，仿佛有刺，便可明白他异常冷淡，如有请求，暂且不必向他陈说，应该从速借机退出，即使多逗留一会儿也是不适的，退而研究他对你冷淡的原因，再谋求恢复感情的途径。

5.你见他眼神阴沉，应该明白这是凶狠的信号，你与他交涉，须得小心一点。他那一只毒辣的手，正放在他的背后伺机而出。如果你不是早有准备想和他见个高低，那么最好从速鸣金收兵。

6.你见他眼神流动异于平时，便可明白他是胸怀诡计，想给你苦头尝尝。这时应步步为营，不要轻进，前后左右都可能是他安排的陷阱，一失足便跌翻在他的手里。不要过分相信他的甜言蜜语，这是钓鱼的饵，是毒物外的糖衣，要格外小心。

7.你见他眼神呆滞，唇皮泛白，便可明白他对于当前的问题惶恐万状，尽管口中说不要紧，他虽未绝望，也的确还在想办法，但却一点也想不出所以然来。你不必再多问，应该退而考虑应付办法，如果你已有办法，应该向他提出，并表示有几成把握。

8.你见他眼神似在发火，便可明白他此刻是怒火中烧，意气极盛，如果不打算与他决裂，应该表示可以妥协，速谋转机。否则，再逼紧一步，势必引起正面的剧烈冲突了。

9.你见他眼神恬静，面有笑意，你可明白他对于某事非常满意。你要讨他的欢喜，不妨多说几句恭维话，你要有所求，这也是个好机会，相信一定比平时更容易满足你的希望。

10.你见他眼神四射，神不守舍，便可明白他对于你的话已经感到厌倦，再说下去必无效果，你如果不赶紧告一段落，或乘机告退，或者寻找新话题，谈谈他愿意听的事。

11.你见他的眼神凝定，便可明白他认为你的话有听的必要，应该照你预定的计划，婉转陈说，只要你的见解不差，你的办法可行，他必然是乐于接受的。

12.要是你见他眼神下垂，连头都向下倾了，便可明白他是心有重忧，万分苦痛。你不要向他说得意事，那反而会加重他的苦痛，你也不要向他说苦痛事，因为同病相怜越发难忍，你最好说些安慰的话，并且从速告退，多说也是无趣的。

13.如果他的眼神上扬，便可明白他是不屑听你的话，无论你的理由如何充分，你的说法如何巧妙，还是不会有高明的结果，不如马上停止，退而寻求其他接近之道。

【鬼谷子的"诡"点子】

有一句广告词说得好"通则不痛，痛则不通"，当你不具备"察言观色"的能力时，你跟别人的交流就好比"擀面杖吹火"，肯定通不了，也肯定很痛。

言之有理，言之有礼

【古语阐"道"】

常有事于人，人莫能先，先事而生，此最难为。故曰：揣情最难守司。言必时其谋虑。故观蜎飞蠕动，无不有利害，可以生事美。生事者，几之势也。此揣情饰言，成文章而后论之也。

【今言说"道"】

人们对某些事情常常感到突然，是因为不能事先预见。能在事情发生之前就预见的，这是最难的。因此说："揣情，最难把握。"游说活动必须深谋远虑地选择时机。过去我们看到昆虫蠕动，都与自己的利益相关，因此才发生变化。而任何事情在刚刚产生之时，都呈现一种微小的态势。这种揣情，需要借助漂亮的言辞或文章而后才能进行游说应用。

【案例延伸】

如果一个人的脸上长有疤痕，可以从镜中窥见，可以使用化妆品或药品加以治疗弥补。同样，谈吐方面的缺陷也可以改变，只要治疗之前，自己能够清醒地认识到自己的这些缺陷。如果不清楚自己说话的缺陷，也可以试着拿一面镜子对照自己说话的姿态：是否手势过多，是否翘起嘴角，是否表情难看，是否过于冷漠、紧张、僵硬，是否强抑声调……

以下几点是我们说话中常有的缺陷，我们可以对照检查，并加以改正。

1．说话用鼻音

用鼻音说话是一种常见且影响极坏的缺点，当你使用鼻腔说话时，就会发出鼻音。如果你用大拇指和食指捏住鼻子，你所发出的声音就是一种鼻音。如果你说话时嘴巴张得不够，声音也会从鼻腔而出。在电影里，鼻音是一种表演技巧，如果演员扮演的是一种喜欢抱怨、脾气不好的角色，他们往往爱用鼻音说话。如果你使用鼻音说话，鼻音对于女人的伤害比对男人更大，你不可能见到一位不断发出鼻音，却显得迷人的女子。如果你期望自己在他人面前具有极大的说服力，或者令人心荡神移，那么你最好不要使用鼻音，而应使用胸腔发音。正确的方法是，平时说话时，上下齿之间最好保持半寸的距离。

2．声音过尖

一个人受到惊吓或大发脾气时，往往会提高嗓门，发出刺耳的尖叫。一般女性犯此错误居多，要多加注意。因为尖锐的声音比沉重的鼻音更加难听。你可以用镜子检查自己有无这一缺点：脖子是否感到紧张？血管和肌肉是否像绳索一样凸出？下颚附近的肌肉是否看起来明显紧张？如果出现上述情形，你可能会发出刺耳的尖声。这时你就要当机立断，尽快让自己松弛下来，同时压低自己的嗓门。

3．说话忽快忽慢

一般来讲，说话的速度很难掌握，即使是一些职业演说家或政治家，有时也不容易把握好自己说话的速度。说话太快，别人就听不懂你在说些什么，而且听得喘不过气来。说话太慢，人们就会根本不听你说，因为他们缺乏一种耐心。据专家研究，适当的说话速度为每分钟120～160个字之间，当我们朗读时，其速度要比说话快。而且说话的速度不宜固定，你的思想、情绪和说话的内容会影响你表达的快慢。说话中把握适度的停顿和速度变化，会给你的讲话增添丰富的效果。

为了测量自己说话的速度，你可以按照正常说话的速度念上一段演讲词，然后用秒表测出自己朗读的时间。如果你说话的速度每分钟不到上面那个标准，就可以试着调整说话速度，看是否会收到良好的效果。

4．口头禅过多

日常生活中，人们听到这样的口头禅，如"那个"、"你知道不"、"是不是"、"对不对"、"嗯"等。如果一个人在说话中反复不断地使用这些词语，一定会损失自己说话的形象。口头禅的种类繁多，即使是一些伟大的政治家在电视访谈中也会出现这种毛病。

当然谈话中"啊"、"呃"等声音过多，也是一种口头禅的表现，著名演说家奥利佛·霍姆斯说："切勿在谈话中散布那些可怕的'呃'音。"如果你有录音机，不妨将自己打电话时的声音录下来，听听自己是否有这一毛病。一旦弄清了自己的毛病，那么以后在与人讲话的过程中就要时时提醒自己注意这一点。

下面介绍几种克服口头禅的方法以供参考。

默讲。出现口头禅的原因之一，是对所讲的内容不熟悉，讲了上句，忘了下句，此时就要用口头禅来获得一点思考的时间，以便想起下句话。事前默讲几遍，对内容、措辞十分熟悉，正式讲话时就能减少或不出现口头禅了。

朗读。克服口头禅的朗读法，就是将自己的口语，从不清楚变为清楚、流利的语言。如果内部语言流畅贯通，就不会出现口头禅。出声朗读老舍、叶圣陶等语言大师的作品，有助于用规范的语言来改善自己不规范的语言。

耳听。广播员、演员的语言，一般都较为规范，没有口头禅。平时听广播、看电影时，可边听边轻声跟着说。久而久之，你会惊喜地发现：自己的口语精练了，口头禅少了，连普通话水平也提高了。

练习。听听自己的讲话录音，会对自己讲话中的口头禅深恶痛绝。这样，往往能使自己讲话时十分警惕，口头禅也会随之变少。

慢语。在一段时间内，尽量讲慢些，养成从容不迫地思维和说话的习惯，一句句想，一句句说，对克服口头禅有很好的效果。

5．讲粗话

讲粗话是说话的恶习。俗话说，习惯成自然。随便什么事情，只要成了习惯，就会自然地发生。讲粗话也是如此，一个人一旦养成了讲粗话的习惯，往往是出口不雅，自己还意识不到。讲粗话是一种坏习惯，是极不文明的表现，但要克服这种习惯也并不是一件易事。比较有效的办法是，找出自己出现频率最高的粗话，集中力量首先改掉它。首先是改变讲话频率，每句话末停顿一下；其次讲话前提醒自己，改变原有的条件反射。出现频率最高的粗话改掉了，其他粗话的克服也就不难了。

请别人督促也很重要。当然，这里的"别人"最好是了解自己的人，这样督促起来可以直截了当。由于有时自己讲了粗话还不知道，请别人督促就能起到提醒、检查的作用。督促还有另一层心理意义，那就是造成一种不利于原有条件反射自然发生的外界环境，以促进旧习惯的终止。

6．结巴

"结巴"是口吃的通称。

"结巴"对于极个别的人来说是一种习惯性的语言缺陷，是一种病态反应，他们也被称为口吃患者。口吃就是说话时字音重复或词句中断的现象，要想治愈说话"结巴"的毛病，除药物治疗外，更重要的是去除心理障碍。日本前首相田中角荣少年时代就是口吃患者，为了克服这个缺陷，他常常朗诵课文，为了发音准确，就对着镜子纠正嘴形，后来他成了一个著名的政治家、演说家。有口吃的人不妨试一试这个方法，坚持朗读文章，只要坚持不懈并保持良好的心态，相信一定会产生好的效果。

7．毛手毛脚

毛手毛脚，意即说话时动作过于频繁。可以检查一下自己，是否在说话时不断出现以下动作：坐立不安、蹙眉、扬眉、歪嘴、拉耳朵、摸下巴、搔头皮、转动铅笔、拉领带、弄指头、摇腿等。这都是一些影响你说话效果的不良因素。当你说话时，动作过于频繁，听者就会注意你的这些动作，根本不可能认真听你讲话。

【鬼谷子的"诡"点子】

跟别人说话，首先要有礼貌，其次要讲道理，只有这样，别人才会听我们讲话的内容，只有这样，我们跟别人才能更好地沟通；只有这样，下一步的目标才能更好地实现！

卷八　鬼谷箴言，摩意之道

　　本卷讲的是"摩术"，上一卷讲到了揣度人心，而本篇就是在上一卷的基础上，为读者具体提出了怎样去"摩"。我们通过"揣术"了解了对手的真实意图之后，就可以选择下一步用什么方法来和对手博弈，这就是我们所说的"摩术"。擅长摩术的人，必须拥有非常高的逻辑思维能力，能够寻得事物发展的规律，勤于细节，懂得大智若愚的好处。

低调低调，糊涂处世

【古语阐"道"】

摩者，揣之术也。内符者，揣之主也。用之有道，其道必隐。微摩之以其索欲，测而探之，内符必应；其索应也，必有为之。故微而去之，是谓塞窌、匿端，隐貌窌、逃情，而人不知，故能成其事而无患。

【今言说"道"】

所谓"摩意"是一种与"揣情"相类似的办法。"内符"是"揣"的对象。进行"揣情"时需要掌握"揣"的规律，而进行测探，其内情就会通过外符反映出来。内心的感情要表现于外，就必然要做出一些行动。这就是"摩意"的作用。在达到了这个目的之后，要在适当的时候离开对方，把动机隐藏起来，消除痕迹，伪装外表，加避实情，使人无法知道是谁办成的这件事。从而可以达到目的，办成了事，却不留祸患。

【案例延伸】

太平军势如破竹，一路北上，不断扩大着势力范围。

1853年，太平军连克数城，如狂风般进攻湖北。

是年年底，太平军打到了安徽庐州（现安徽合肥市）。

次年春，黄州的清兵大营被士气高昂的太平军攻破。

清军面对太平军的进攻节节败退、毫无战果，咸丰皇帝坐立难安。每当听到一个城池被攻破，他的心病都会加重一分。他不愿清的基业毁在自己手中，又没有其他办法，只有下旨让曾国藩率湘军前去支援。

在这不到半年的时间内，安徽、湖北纷纷告急，曾国藩接二连三地得到了出兵救援的诏令。

但曾国藩拒不出兵，只是上奏解围之法，惹怒了咸丰皇帝。咸丰皇帝大笔一挥，一纸朱批发给曾国藩："朕知汝尚能激发天良，故特命汝赴援，以济燃眉……试问汝之才力能乎否乎？平时漫自矜诩，以为无出己之右者……言既出汝口，必须尽如所言，办与朕看！"很显然，当时的曾国藩有着很大的压力。然而，咸丰皇帝的激将法在曾国藩的身上没有起到丝毫作用。

曾国藩并非有意惹得"龙颜大怒"，不接旨出兵是因为他理性地分析了当前形势。太平军与以往的农民军有着很大的区别，他们经过了严格的训练，有着很强的战斗力，如果没有一支实力颇为雄厚的军队，是很难与之对抗的。曾国藩的军队虽小有规模，但在战斗力和士气方面仍无法与太平军相比。他认为如果要战胜太平军，不但要加强军队训练，更要考虑到"长江千里，战船实为急务"，他在书信中也向朋友提到过"剑戟不利不可以断割，毛羽不丰不可以高飞"。为此，曾国藩下定决心，在提高军队素质的同时，组建水军和炮队。在海上工事方面，曾国藩花了大量财力和物力，力求精益求精。造船的木头质地要好，船要造得大而坚固，做工还得精细：洋炮虽价格不菲，但杀伤力强，质量好，炮队必须要用洋炮来装备。曾国藩明白，如果军队素质和装备没有达到要求，绝对不宜出兵。

但曾国藩从大局考虑的同时，心中也难免有些悲伤和内疚。

吴文镕是曾国藩的老师，任湖广总督，在清政府中地位显赫。他对曾国藩的仕途影响很大，每当曾国藩遇到处理不好的事情时，吴文镕总能够给他帮助，为他说情。由此可见，二人的关系非比寻常。

太平军打到湖北后，湖北向清政府告急，曾国藩很快接到了出兵支援湖北的圣旨，不久恩师吴文镕亲自向他求救。

曾国藩忍住内心痛苦，回信告诉吴文镕自己的难处，讲明其中道理。身为湖广总督的吴文镕自然知道轻重缓急，他没有以老师的资格去逼迫曾国藩前来支援，而是在信中告诉曾国藩，要他不要因师生情分而贸然出兵，自己的身家性命没有国家大局重要，只有等到有把握的时候方可迎战。他希望曾国藩能够稳重，切忌焦躁。曾国藩听了老师的话，按兵不动，吴文镕战死。

江忠源是曾国藩的挚友，他遇到危难时，曾国藩也未去营救。

江忠源，湖南人士。道光年间，他与曾国藩相识。那时的江忠源仅是一位没有名气的举人，曾国藩却官居二品。然而曾国藩没有嫌弃他，反而与他交好。

1847年，江忠源曾招募了一些乡里的勇士，与青莲教起义军拼杀，稳定了社会治安。江忠源因此被授职为知县。

1851年，江忠源之父去世，他回家守孝。守孝期间，太平军揭竿而起。江忠源走出家门，带着乡勇南下，在桂林等地镇压太平军。在蓑衣渡，江忠源等人将太平天国南王冯云山杀死，因功于1853年升为二品官，接着又去安徽接任巡抚之位。此时的江忠源已今非昔比，他的官位已超出曾国藩。

就在江忠源升任安徽巡抚的这年年底，太平军的步伐并没有被清军阻挡住，他们很快打到了安徽。江忠源殊死搏斗，在庐州被围，急切需要支援。然而，曾国藩迟迟不出兵，江忠源没有盼到援军，最终战死疆场。

曾国藩的老师吴文镕可以说是他的一根重要的政治支柱，如果吴文镕健在，凭着二人的密切关系，曾国藩的仕途路无疑会平坦许多，江忠源则是一位有大将风度的领袖人物，如果他不战死，作为书生的曾国藩就不用领兵打仗，只需好好经营部队，训练出精兵，交给江忠源即可，凭着江忠源的才能，定能够将太平天国运动镇压下去。

吴文镕和江忠源的死，对曾国藩来说，是很大的损失。站在他的角度上来看，他当然希望此二人能够保住性命，以便辅佐自己。可是，曾国藩心有余而力不足。他虽然掌握着一支军队，但军队的实力让他担忧。如果自己抛弃一切誓死去救二人结果又会如何？不仅救不了师友，还会损兵折将，苦心经营的军队变得伤痕累累。再加上曾国藩认为只有湘军是清政府最后的依靠，如果湘军也被消灭，他的抱负将如何实现？他的雄心壮志岂不是一纸空谈！

【鬼谷子的"诡"点子】

古语有云：君子藏器于身，伺机而动。就是这个道理，在机会还没到来的时候，就慢慢积蓄力量，学会忍耐，糊涂处世，当时机成熟，就是自己大显身手的时候了。

想钓大鱼，先做好饵

【古语阐"道"】

摩之在此，符之在彼，从而用之，事无不可。古之善摩者，如操钩而临深渊，饵而投之，必得鱼焉。故曰：主事日成，而人不知；主兵日胜，而人不畏也。

【今言说"道"】

"摩"对方是在这个时候，而对方表现自己是在那个时候。只要我们有办法让对方顺应我们的安排行事，就没有什么事情不可办成的。古代善于"摩意"的人，就像拿着钓钩到水潭边上去钓鱼一样。只要把带着饵食的钩投入水中，不必声张，悄悄等待，就可以钓到鱼。所以说：主办的事情一天天成功，却没有人察觉；主持的军队日益压倒敌军，却没人感到恐惧，只有做到这样才是高明的。

【案例延伸】

经商可分短线投资和长线投资。当然，最大利润的回报源于后者！李嘉诚非常注重自己的投资策略，提出了在必要时刻"舍短取长"的观点，其最大的特点是：宁要大商人式的长线投资不要小商人的短线投资。这倒不是因为李嘉诚看不起小商人，而是因为他摸透投资回报的利润法则——"最大的财富一定是时间最久的投资"。因此他主张"放长线钓大鱼"式的经营战术。

奥地利Orange电讯公司（以下简称为"橙"）是和黄最为成功的投资典范之一。10年前，和黄注资5亿美元收购"橙"发展电讯事业，眼下"橙"已位居英国第三大电讯公司，同时为以色列、中国香港及澳大利亚提供电讯服务。现今，和黄通过出售部分电讯公司的股权取回全部投资成本，故此次的千亿港元交易全为投资利润。

有关收购消息传出后，长实系股价闻风而动。和黄收市报港币76.5元，升幅总达9%，连带其控股公司长江实业也获益匪浅，股价自3日前的58元升至今日收市的67.5元，飙升达1成以上。

和黄本是一家老牌英资企业，20世纪80年代初被李嘉诚的长江实业收购，组成长和系。在素有"超人"之称的李嘉诚领导之下，和黄致力，业务多元化及国际化，迄今已发展成为一个包括港口、电讯、地产、零售及制造、能源及基建五大核心业务在内的综合型跨国企业。

亚洲金融危机之后，和黄奉行"继续扎根香港，但同时也不排除在海外寻求投资机会"的经营策略，企业国际化进程加快。

1989年，和黄通过收购一家英国电讯公司，涉足英国电讯市场，但却出师不利，长期处于亏损状态。当时和黄在英国推出的CT2电讯服务，名为RABBIT（兔子），由于只能打出，不能打入，较同期其他技术逊色，因此不能吸引更多的客户，其产品模拟式电话价格迅速下跌，"兔子"只好宣布死亡，和黄也身受重伤，为此撤账14.2亿港元。

其后，和黄又于1994年投资84亿元成立"橙"，推出个人通讯网络。起初也不被业界看好，唯恐是CT2的翻版，不料后来却渐渐被消费者接受，手提电话的销售不俗。1996年4月，"橙"在英国上市，随即成为金融时报指数100的成分股，打破最短日期成为成分股的纪录，同时也为和黄带来41亿港元的特殊盈利，并已收回全部投资。该股份至今虽未有盈利，但股价却比上市时提高了6成多，其市值也由当时的200多亿港元增至2000多亿港元。到1997年，"橙"的英国客户突破了100万，成为英国第三大流动电话商。1998年2月，和黄出售4.3%的"橙"股份，套现53亿港元；加上今次并购交易所得的220亿港元现金、220亿港元票据，以及650亿港元的德国电讯公司股票，估计和黄在这棵"橙"树上的回报已超过10

倍以上。

卖"橙"的成功，是和黄历史上最重要的一项交易，引起海内外市场的轰动，也引来无数人的羡慕，大家都想知道和黄集团主席李嘉诚经商的"秘诀"。在卖"橙"的记者会上，李嘉诚讲的一句话或许能给人以启示。他说：电讯业务是未来集团的发展重点，他已知道5年后和黄要做什么。同时，李嘉诚之子、和黄集团副主席李泽钜也谈到，做生意的时间规限是五年、十年，不是一年、两年，长实（长江实业有限公司）有些项目也是七年才有收成。可以说，着眼于未来、善于把握趋势是和黄成功的主要原因之一。

和黄集团从事电讯业已有十多年的历史，并非都是一帆风顺，也经历了不少曲折和艰难。在投资英国电讯市场初期，由于长期处于亏损状态，受到海内外证券业的不断批评，甚至有人认为和黄在英国的这项业务到20世纪末都不会有收获。即使是经营"橙"，也是历经数年奋斗才有今天的结果。但是李嘉诚凭着对未来趋势的正确分析与把握，坚持不放弃。在市场普遍对该项业务不看好的时候，他曾经亲自出面澄清市场上的传言，表示将继续支持在英国的电讯业务。果然只用了几年时间，和黄集团便从"橙"身上取得惊人的回报。

这种放眼未来的作风，使李嘉诚的事业在竞争激烈的商场上屡次取得引人注目的成功。

20世纪60年代靠经营塑胶花起家的他，在此行业仍如日中天时，毅然出售其业务，改为投资地产业，奠定了他成为巨富的基础。到了90年代中期，李嘉诚又是香港大地产商中最早认识到地产业暴利时代已经过去的人，他在不停地出售手上即将落成的住宅物业的同时，积极向海外电讯业发展。除投资英国外，和黄集团还向美国等国家的电讯市场进军。如1997年，和黄斥资24亿多港元，入股美国电讯公司WWC；1999年，和黄又宣布分拆以色列电讯在英美上市。

在完成出售"橙"交易以后，和黄集团持有德国最大电讯公司曼内斯曼10.2%的股权，是当时欧洲最大的流动电话商，其在欧洲的电讯业务将通过该公司发展及经营。在有记者问到出售"橙"之后，和黄集团的环球电讯业务长期发展策略是否有变化时，李嘉诚说，该集团仍会继续进行有关投资，并对其他国家电讯业务感到兴趣。他并且表示，长实集团和和黄集团一定会参与高科技，而且可能与香港盈科数码动力合作。其中和黄正寻求发展电子商务，并可能于短期内将之分拆上市。此外，和黄集团的五大核心业务（基建、电讯、地产、进口及零售）表现良好，未来将会继续发展。

同时，这一场欧洲电讯界的收购战，令李嘉诚长和系的股票价值大幅飙升，李嘉诚的财富激增至687亿元。短短1个月，和记黄埔（013）股价已升逾三成六。

【鬼谷子的"诡"点子】

幸运成就不了常胜将军，真正的胜者是会做长线投资的。只看重眼前利益，热衷于短期投资的人永远只能做个朝不保夕的投机者。做任何事情都是这样，切忌急功近利，不然最终会一事无成。

想做大事，先做小事

【古语阐"道"】

圣人谋之于阴，故曰神；成之于阳，故曰明，所谓主事日成者，积德也，而民安之，不知其所以利此可用；积善也，而民道之，不知其所以然而天下比之神明也。主兵日胜者，常战于不争不费，而民不知所以服，不知所以畏，而天下比之神明。

【今言说"道"】

那些有很高修养和智慧的人谋划的什么行动总是在暗中进行的，所以被称为"神"，而这些行动的成功都显现在光天化日之下，所以被称为"明"。所谓"主事日成"的人是暗中积累德行，老百姓安居乐业，却不知道为什么会享受到这些利益，他们还在暗中积累善行，老百姓生活在善政却不知道为什么会有这样的局面。普天下的人们都把这样的"谋之于阴，成之于阳"遥政治策略称为"神明"。那些主持军队而日益压倒敌人的统帅，坚持不懈地与敌军对抗，却不去争城夺地，不消耗人力物力，因此老百姓不知道为何邦国臣服，不知道什么是恐惧。普天下都称这种"谋之于阴、成之于阳"的军事策略为"神明"。

【案例延伸】

古今胸怀宽广、怀抱大志的人很多，然而真正建功立业、传世不朽的人却少之又少，这固然与天赋、时机有关，同时也同他们的办事方法密不可分。一些人有了远大志向，却缺乏脚踏实地的精神，认为自己志在天下，不愿去理会"琐事"，如果这样，只能流于空想。

箴言录

　　凡事都非一蹴可就，都要经过不断积累、由小而大的过程。如果只向大处看，而不从小事着手，就犯了一屋不扫而扫天下的毛病。儒家的成功学为每个人设计了由修身而齐家，由齐家而治国，进而平定整个天下的道路，这是一条由小处开始向远大目标前进的路径。曾国藩正是沿着这样一条道路成就大事的。

　　曾国藩的成功之路始于修身。考中进士后，便师从唐鉴，专宗程朱理学。唐鉴教导他说，要精通理学，先应专治一部经典，从识字明义开始，一字通则一句通，一经通则其他诸经可以旁及。积少成多，逐渐长进。倭仁也是当时的理学大家，曾国藩向他学习检身功夫。倭仁的功夫就是从小处开始，每天从早起到入睡，一举一动，坐卧饮食，都严格要求，并且记下札记，以备反省。这一点对曾国藩影响极大。从道光二十二年（1842）十一月三日起，曾国藩开始写日记，时时反躬自省。第二年一月七日，曾国藩为自己订立了一个课程表，表示"从此立课程，新换为人，毋为禽兽"。这个课程共分为：敬、静坐、早起、读书、读史、谨言、养气、保身、日知所亡、作字等十几个栏目，对自己的生活进行全面规划，严格规范。为此，他还特地印制了一批日记本，按上述十几个方面分成栏目，随时填写。在湘乡所留存的曾国藩材料中，还有这些课程日记的残本。当亲眼看到这些细致、严肃的日记时，才认识到，曾国藩的成功绝非幸致，如果没有这一点一滴的努力，又怎么可能成功呢？

　　后来曾国藩根据自己的办事经验，总结出"天下事当于大处着眼，小处下手"这句名言。咸丰九年（1859）十月，他在给一位朋友的信中说：

　　"近年军中阅历有年，益知天下事当于大处着眼，小处下手。陆氏（陆九渊）但称先立乎其大者，若不辅以朱子（朱熹）铢积寸累功夫，则下梢全无把握。故国藩治军，摒去一切高深神奇之说，专就粗浅纤细处致力，虽坐是不克大有功效，然为钝拙计，则犹守约之方也。"

在实践上，曾国藩凡事都从全局、大处考虑，但小处的具体步骤又有条不紊，极有章法。他一生坚持早起，每日必读数页书，坚持亲自写家书、批文稿，以勤俭自戒，从不敢违背。正是在这些小事上能认真对待，才保证了宏大目标的实现。

在用兵治军上，曾国藩也是从小事抓起。咸丰八年（1858），他教导刚刚从军不久的弟弟曾国荃说："治军总须脚踏实地，克勤小物，乃可日起而有功。"所谓脚踏实地、克勤小物，正是说从小处、实处做起。曾国藩治军，不仅一切营制、规则、将领选拔任用都亲自决定，就是训练他也亲自抓起。他经常亲临训练场，指挥训练，做湘军的思想工作。当时湘军的《爱民歌》、《水师得胜歌》等，都是他亲笔起草。

曾国藩对军中细事无不关心，地形勘察，他力主将领要亲自进行，不能道听途说。对武器军械，他更是关心备至，对规格都做了明确规定。如规定矛杆用的竹子必须是"老而坚者"，桐木必须是"小树圆身，大树锯开者不可用"。邹寿璋办事很朴实仔细，曾国藩委派他专门负责军械，但他自己也毫不放松，都要亲自检察。有一次见矛杆不合格，立即下令重做。曾国藩还亲自研究炮子的打造，他发现用熟铁要比生铁好，便改用熟铁，解决了炮子"经药辄散"的问题，并且使射程增加了一里多。

曾国藩这种脚踏实地，从小处、实处着手的做法，保证事情能按计划、有步骤地向既定目标发展，从而积少成多，由易而难，为最后的成功创造了条件。用曾国藩自己的话说，就是"我用一功，实脚踏实地，不敢一毫欺人"。

他的这种做法，有人又归纳为"约字诀"。陶怀仲在《析论曾国藩》一文中总结说，曾国藩修身有"静、耐、约"三字诀，"约字使他治经史之学，务实际不求博雅，治军则专从实际处入手"。实际上，这个"约"字就是"实"字，它反映的是做事从浅处、简处入手。曾国藩称之为"守约"。咸丰九年（1859）十月他对幕僚李榕讲了一番话，就是说明这个道理：凡与诸将语，理不宜深，令不宜烦，愈易愈简愈妙也。不特与诸将语为然，即吾辈治心、治身，理亦不可太多，知亦不可太杂，切身日日用得着的不过一两句，所谓守约也。

【鬼谷子的"诡"点子】：

在曾国藩眼里，志向大、不朴实的人有一个共同的特点，他们都"视事太易"，把做一件事看得很容易，不屑去做，而是贪难求大。实际上，这种做法恰恰违背做事的规律。再大的事，也要从小处做起；再难的事，也要从简单处做起，这是颠扑不破的道理。然而许多自以为高明的人却偏偏反其道而行之。两者相较，曾国藩的真正高明处就显现出来了。

借助外力，最终成功

【古语阐"道"】

其摩者，有以平，有以正；有以喜，有以怒；有以名，有以行；有以廉，有以信；有以利，有以卑。平者，静也。正者，宜也。喜者，悦也。怒者，动也。名者，发也。行者，成也。廉者，洁也。信者，期也。利者，求也。卑者，谄也。故圣人所以独用者，众人皆有之；然无成功者，其用之非也。

【今言说"道"】

在实施"摩意"时，有用和平进攻的，有用正义责难的，有用娱乐讨好的，有用愤怒激励的，有用名词威吓的，有用行为逼的，有用廉洁感化的，有用信誉说服的，有用利益诱惑的，有用谦卑夺取的。和平就是安静，正义就是刚直，娱乐就是喜悦，愤怒就是激动，名就是声誉，行为就是实施，廉洁就是清明，利益就是需求，谦卑就是委曲。所以，圣人所独用的"摩意"之术，平常人也可以具有。然而没有能运用成功的，那是因为他们用错了。

【案例延伸】

商场上的竞争，与其他行业的竞争一样，说到底是人才的竞争，是智力竞争。因此，选择帮手应更加重要。帮手选得好，事业成功的把握就大，而一旦用人不当，后果常常不堪设想——用错一个人，往往会坏了自己辛辛苦苦打下的整个江山。

"越是本事大的人，越要人照应。皇帝要太监，老爷要跟班，只有叫花子不要人照应。这个比方不大恰当，不过做生意一定要伙计。胡先生的手面你是知道的，他将来的市面要撑得其大无比，没有人照应，赤手空拳，天大的本事也无用。"

这番话是"小和尚"陈世龙对阿珠父亲老张说的。老张本来是一个很胆小的老实人，以前因为有和胡雪岩结亲戚的打算，因此接受胡雪岩的建议回湖州来开丝行；后来胡雪岩觉得娶阿珠做"小"不妥，便用计撮合了阿珠和陈世龙的一段姻缘。因为这个原因，老张觉得再受胡雪岩的照应也不妥，便想打退堂鼓，陈世龙为开导老张便说了上面这段话。

陈世龙的话，既是在启发劝解老张，也说出了一个人之所以能够获得成功的最深刻的原因，即要有人帮忙，要有人照应。当然，一个人要立身于社会，不管是在官场、商场，还是在别的什么"场"，都少不了要靠自己的才识、能力。所谓才识，无非就是搜集信息、正确决策的能力，就是能见人所未见、准确判断的能力，就是巧妙运用一切有利因素、制订出合理计划并付诸行动的能力。没有这些，再好的条件也是枉然。但当这些自身条件都具备之后，外界的所谓靠山、人缘，也即能给自己带来成功的帮手，就显得尤其重要了，没有人帮助、照应，真正是天大的本事也是枉然。

事业鼎盛时期，胡雪岩的钱庄遍设杭州、宁波、上海、武汉、北京等地，典当行开了二十多家，胡雪岩自身还要兼理丝茧、军火生意，手下分号的用人自然成了头号问题。

比如王有龄自然是很会做官的，除了他自己会做官之外，没有别人的帮助，他也决不会成为后来浙江官场的红人。当初他只是一个落魄文人，没有功名，花钱买了个正八品的盐大使还是候补的，也就是说有没有官职还得有机会，这种机会又是那么渺茫。正当他穷途末路之时，比他小十岁、当时年仅二十的胡雪岩资助了他五百两银子，助他进京买了个候补的七品知县。王有龄得此资助进京，又巧遇外任江苏学政的何桂清。何桂清幼时家贫，曾受到王有龄父亲的照顾，于是向浙江巡抚黄宗汉推荐王有龄。而此时的黄宗汉因逼死布政使（藩司、藩台）椿寿而需何桂清替其掩盖责任，很快就任命王有龄为浙江海运局"坐办"，实际上主持工作。于是王有龄一下子便成了黄宗汉门前的红人。不用说，没有胡雪岩的帮助，没有何桂清的照应，或者黄宗汉根本不买何桂清的账，王有龄大概一生一世也只能以一介落魄书生客死杭州了。

　　王有龄后来的官运亨通，也是得自于胡雪岩这个帮手。刚一接手海运局坐办的差使，就遇到漕米解运的麻烦。漕运积弊已深，初改海运，事情千头万绪，而且势必触动漕帮利益，漕帮定然不肯将浙江粮食运往出海口，且部门重叠、政令不畅，官僚政客各自盘算自己的得失，海运一事难以很快实现，而朝廷却一再催促南粮北运，以解燃眉之急，加上王有龄刚刚踏进官场，人生地不熟，他所遇到的困难可想而知。也正是在胡雪岩的出谋划策下，打破常规大胆地用就地买粮的办法，在上海附近买粮、就地出海，解决了浙江漕米迟迟运不出去的问题。具体运作也是胡雪岩凭着他的手腕，用金钱开路，用酒肉敲门，用各种办法收买、笼络官吏、漕帮首领、钱庄老板、粮商，在生意场上精于算计，诱之以利，从而使海运一事顺利实现，也使王有龄初战告捷，巩固了他在官场的地位，他也很快升为湖州知府。

　　不用说，"小和尚"认为胡雪岩本事再大也要有人照应，自然也是事实。实际上，在胡雪岩走向"红顶商人"的辉煌顶点的过程中，如果没有像王有龄、左宗棠、古应春、尤五、郁四、刘庆生乃至如张胖子、刘不才、"小和尚"这些人的帮忙、"照应"，他确实是"天大的本事也无用"。

　　"越是本事大的人，越要人照应。"这其实是一个很简单浅显的道理。越是简单浅显的道理，也越是至理。因此本事越大的人，也越要牢牢记住这个道理。

　　所以，"用人"是一个十分古老的话题，千百年来人们总是在这个问题上走着螺旋式的道路。孟尝君能用"鸡鸣狗盗"之徒，逃生秦国，躲过杀身之祸；楚怀王不能用人，听信奸佞之言，终于客死秦国。楚霸王不能用人，虽有万人不敌之勇，但还是酿成乌江自刎的悲剧；刘邦能用人，文有萧何，武有韩信，最后当了高祖皇帝。曹孟德能用人，削平中原；袁绍不能用人，有官渡之惨败。唐太宗能用人，成贞观之治；唐明皇用人不当，造成安史之乱……能不能用人，大则国家兴亡，小则个人成败，是一个于人于国均十分重要的问题。

王有龄靠着运气，得到胡雪岩的资助，进京买个官职；又靠着与江苏学政何桂清的关系，得到浙江巡抚黄宗汉的任用，得了浙江海运局坐办的实缺，真正做起官来。但这个浙江海运局"坐办"的官差，实在难以料理：要把浙江应征的十几万石粮食运出浙江，由于运河交通不畅，官府之间互相推诿设卡，运粮一事难以近期完成。王有龄充分任用足智多谋的胡雪岩，靠着胡雪岩的大胆策划、周密部署、多方打点奔走，由海运局出面担保，钱庄垫钱、漕帮卖粮以充漕粮的计划得以顺利实施。这个计划的设想由胡雪岩提出，各个细节由胡雪岩推敲，各个环节也主要由胡雪岩去沟通。事情做得巧妙顺利，各方皆大欢喜。王有龄的成功，没有胡雪岩的鼎力相助，无论如何是得不到的。

【鬼谷子的"诡"点子】

做生意跟同行对手竞争，竞争到最后就是拼人脉。利用自己的人脉来为自己的生意铺路，是最明智的选择。所以说，人脉最重要，做生意就如同下一盘棋，只有全局把握好，最终才能把生意做大、做强。

处世之方，谨慎为妙

【古语阐"道"】

故谋莫难于周密，说莫难于悉听，事莫难于必成；此三者唯圣人然后能任之。故谋必欲周密，必择其所与通者说也，故曰：或结而无隙也。夫事成必合于数，故曰：道、数与时相偶者也。说者听，必合于情；故曰：情合者听。

【今言说"道"】

所以说谋必须周到缜密；游说要首先选择与自己可以相通的对象。所以说："办事情要固若金汤，无懈可击。"要想使所主持之事取得预期的成功，必须有适当的方法。所以说："客观规律、行动方法以及天时都是互相依附的。"进行游说的人要让对方听信，必须使自己的游说合于情理，所以说："合情理才有人听。"

【案例延伸】

曾国藩在写给弟弟的信中说：

处兹乱世，凡高位、大名，重权三者皆在忧危之中。余已于三月六日入金陵城，寸心惕惕，恒惧罹于大戾。弟来信劝吾总宜遵旨办理，万不可自出主意。余必依弟策而行，尽可放心。祸咎之来，本难预料，然惟不贪财、不巧取、不沽名、不骄盈四者，究可弥缝一二。

曾国藩的护身之道由此可见。

许多人都研究过护身的学问，曾国藩对此则有更深的体会。他早早就涉足官场，对那些结党营私、苟且求生、贪图享乐的庸官俗僚了如指掌。他想做点利国利民的事，但也不想得罪他人，以免惹来闲言碎语。加上清王室乃是满清旗人的王室，对汉人有着强烈的排斥与挤压，使得曾国藩愈加小心翼翼，慎而又慎，深思远虑，唯恐不周。

曾国藩的家乡有个朱知县，与当地乡绅关系甚密，与曾国藩家中也有密切来往。后来当地的财政出现了赤字，一些乡绅担心他会因此而被调离或降职，从而损害自身利益，激愤之时就口出豪言，想倡议全县人民捐钱弥补亏空，从而留住这位父母官。曾国藩的弟弟向他征求意见，询问该不该支持这种行为。

曾国藩认为，发出这样的倡议之词，不过是官绅的小把戏。他们冠冕堂皇地提出来，似乎是为百姓做了件大好事。然而一旦付诸行动的时候，出钱财的事必定分摊到百姓头上。他们出不出钱，出多少钱谁知道呢？但他们却是名利俱收。而且，在征收银两的时候，又必然会有恶官酷吏假公济私、巧取豪夺，敲诈勒索百姓的血汗钱，更可怕的后果是，如果此事一旦实施，那么以后必然一而再、再而三地被官府推用，岂不是把劳苦百姓推入深渊之中了？曾国藩还认为，官职的补缺，官员的调遣，都有定规，偶有例外，也是偶一为之。因此，亏空补平也不能影响到官吏去留，这显然表明事情不过是巧立名目谋取私利而已。曾国藩对此洞若观火。因此，他让家人持旁观态度，静观事变。

曾国藩在数十年的官场生涯中，遇事无不如此深谋远虑，巧妙周旋。

曾国藩说自己近乎"拙愚"，实际上他城府很深，颇有心机；他无论是在位高权重、一呼百应时，还是在举足轻重、一言九鼎时，甚至在他不得志的困难之时，都不与朝中权贵交往。他不愿卷入"旋涡"中，做无谓的牺牲。但这不等于他与高层尤其是那些在很大程度上掌握生杀大权的人没有密切的联系。事实上，曾国藩在道光朝倚靠穆彰阿，在咸丰朝倚靠肃顺，在同治朝倚靠恭亲王，都形迹显赫。但值得注意的是，穆彰阿、肃顺都不得善终，奕䜣也几经挫折，而曾国藩却官照升、荫照封，宦海浮沉似乎与他无关。尤为叹奇的是，掌政的后继者与前任即使有不共戴天之仇，曾国藩也岿然不动，这就很值得研究。肃顺和穆彰阿是这样，恭亲王与肃顺又是这样，都是"仇人接班"，而曾与穆，肃关系都不一般。我们认为，这是曾国藩运用了"心有灵犀、不露痕迹"之策。姑且以曾国藩与肃顺关系为例。

满族贵族中主张重用湘军集团的文庆，虽在咸丰六年病死，但后继有人，且权势更大。咸丰后期，皇族出身的怡亲王载垣、郑亲王端华及其异母弟肃顺为首的集团已经形成，并且愈来愈得到咸丰帝的信任，得到愈来愈大的权力。三人盘结，"同干大政，而军机处之权渐移，军机大臣拱手听命，伴食而已"。肃顺尤为突出，遇事敢作敢为，又与军机大臣杜翰、兵部尚书陈孚恩、两广总督黄宗汉等人结为死党。同时，又广泛招纳有名望的官吏和名士，"颇搜罗人才，资以延誉树党"。

肃顺这样打击大臣和政敌，大肆结纳党羽，显然是为他长期把持朝政铺平道路。后来他与那拉氏、奕䜣争夺最高权力，正是这一图谋的体现。有这样野心的人，对当时军队，特别是战斗力量强的湘军，自然不会漠不关心。但军队是统治者维护权力的武器，大臣与带兵将帅密切往来，最易招致政敌的攻击，甚至引来不测之大祸。肃顺自然不敢贸然行动，曾国藩、胡林翼也会因避嫌而巧妙为之。

事实上，肃顺与湘军集团确有着微妙的联系。在其招纳的众多人员中，不少人与湘军集团有密切关系，甚至本身就是湘军集团中的一员。如尹耕云不仅为曾国藩任礼部侍郎时之属员，且曾对其"极器重之"，同时，尹也为肃顺之属吏，且对之"敬礼有加"。李鸿裔儿子说："在京师出文正（曾国藩）门下，深悉先君晶学。"后来肃顺又"素与先君善"。其他如郭嵩焘、王闿运、李榕等人均与曾、胡同为长沙府人，且有交往，郭更与曾为"金石至交"。而肃顺与他们都有密切关系。郭不仅为肃赏识，且与肃党陈孚恩交往甚密，陈向咸丰帝推荐郭"堪充谋士之选"，郭因之被"即日召见，在南书房行走"。王为肃顺之家庭教师，肃对王更

"激赏之"，要与王结为"异姓兄弟"。这样破格相待，使王终生感激不已。数十年后，王至北京还去看望肃顺的儿子，并加资助。李与肃关系后来虽破裂，但李为户部下吏时，却"见赏于本部尚书肃顺，部事辄咨之"。此外，曾国藩咸丰二年离京，一去14年。他和肃顺俩人从年龄、位置等方面都有很大差距，如果不是历史的巨变，他们之间很可能终生都不会打交道。但喜欢捉弄人的历史偏偏让这两个重量级人物在许多重大问题上发生难以分割的关系。咸丰末年，由于肃顺鼎力相荐，清廷开始考虑把镇压太平天国的任务交给曾国藩等湘军首领。但曾国藩以其湖南人特有的机警，对肃顺的重用没有任何表示。至慈禧、奕䜣发动政变、查抄肃顺家产时，发现了许多朝野文武大臣与肃顺交往的信件，但没有发现曾国藩写给肃顺的一字一言，以至于慈禧发出"曾国藩乃忠臣"的赞叹。

政变18天后，奕䜣请两宫皇太后正式委任两江总督曾国藩节制江南四省军务。将江南军务委之于曾国藩，这是咸丰十年就决定了的事。现在奕䜣明确委江南四省军务于曾国藩，是要表示新政权对于曾氏的信任，比之肃顺时代将有过之而无不及。人称肃顺推重"湘贤"，此事不假。但肃顺当政时，同时也设江南、江北大营以与湘军分功。而奕䜣当政后，不再重建江南、江北大营，令曾国藩节制四省军务，这说明他已经彻底放弃了对正规的八旗、绿营军的幻想，决心发掘汉族地主武装中蕴藏着的巨大潜力。

奕䜣认识到太平军问题的严重性，所以令曾国藩节制江南四省军务。在那里，太平军占据着江北重镇庐州，并与捻军张乐行部、苗沛霖部协同作战。在江南，太平军正谋求向财赋之区的苏浙发展，早已占领苏州、常州；并新克名城严州、绍兴、宁波和杭州，上海附近的吴淞口和松江等地也警报频传。因此，尽管在咸丰帝大丧期间，湘军占领了长江中游的安庆，但形势仍不能掉以轻心，前敌各军必须统筹兼顾、改变以往不相统属、互不救援的积习。奕䜣令曾国藩节制四省军务，就是授他以前敌指挥大权。

同治初年的另一重要变化是，朝廷放手让湘军将帅出任地方长官的同时，给曾国藩等人极大的军事便宜处置权。过去将帅有所行动要连日奏报，听从朝旨。同治元年正月十二日（2月10日），奕䜣向前敌将帅表达两宫皇太后及皇帝的关注，寄谕说，两宫皇太后"日与议政王军机大臣筹商军务，每当该大臣等奏报时，详加披览，一切规划，辄深嘉许，言听计从"，要求各将帅要及时将有裨军务的"胜算老谋"奏报朝廷。以此表示新政权密切关注着前方战场的动向，并给将帅们以必要的信赖感。

但是这其间，曾国藩却连篇累牍地请求收回节制四省军务的成命，说"权位太重，恐开争权竞势之风，并防他日外重内轻之渐"。曾国藩是理学家，又熟谙清代掌故，他知道爱新觉罗皇朝对汉族官员一直是有所限制的，以往汉宫虽可任巡抚，可任总督，但身兼四省军务者还没有过。

"权重足以致祸"，他对此不但深刻理解，而且有过切肤之痛，有顾虑是理所当然的。但奕䜣清楚，政变后他们还是要依靠汉臣以及汉族地主武装，实行的是没有肃顺的肃顺政策。这个政策的底数应该交给曾国藩，对他表示朝廷破例倚重的意思，使其感恩图报。奕䜣特地请两宫皇太后钤发上谕慰勉说："若非曾国藩之惆忱真挚，亦岂能轻假事权？""望以军务为重，力图征剿，以拯民于水火"，不许曾国藩再辞。

曾国藩这才"勉强"接受了四省兵权，但同时赶紧表示，今后要更加努力尽忠报国，每隔十日以奏折汇报一次，以免"朝廷谨念"，"诚惶诚恐"之态溢于言表。

其实清廷对汉臣态度的变化早已随满清政权危机的加深而发生了。咸丰十年（1860）闰二月，咸丰帝任命刘长佑为广西巡抚，正是这一转变的先兆。三四月间，当江南大营彻底崩溃，苏南正在瓦解的消息传到北京时，人们感到问题十分严重，议论纷纷。四月，即宣布任命曾国藩署理两江总督。曾为湘军创建者，也是咸丰帝最不信任的人，曾国藩能否出任督抚，兼掌军政两权，就成了湘军与满族贵族的关系能否进入新阶段的关键。肃顺乘时进言破关，其他人就不难继曾而出任督抚。这就是说，满族贵族终于抛弃旧的方针，而采用新的方针，即由使用、限制，改为全面依靠。事实也证明了这一转变。六月，不仅实授曾国藩为两江总督，且加以钦差大臣头衔。此后对曾国藩的下属又多有任命。这显然是向曾国藩伸出了示好之手，他所给予湘军集团的实权利益也是前所未有的。尽管曾国藩对此早已垂涎而求之不得，但却始终不动声色，只是心照不宣地依靠名士、朋友间接往来。

【鬼谷子的"诡"点子】

曾国藩认为，古往今来，世事复杂多变，险象环生，危机四伏，封建社会的宦海官场中，更是难有宁日，如果要保全自己，只能无时无刻不小心谨慎。对任何事情都慎之又慎。否则，极有可能被有野心耍权谋的人拖入旋涡之中，无法自拔。

掌握方向，顺势而为

【古语阐"道"】

故物归类：抱薪趋火，燥者先燃；平地注水，湿者先濡。此物类相应，于事譬犹是也。此言内符之应外摩也如是，故曰：摩之以其类，焉有不相应者？乃摩之以其欲，焉有不听者？故曰：独行之道。夫几者不晚，成而不拘，久而化成。

【今言说"道"】

世界上万事万物都有各自的属性：好比抱着柴草向烈火走去，干燥的柴草就首先着火燃烧；往平地倒水，低的地方就要先进水。这些现象都是与各类事物的性质相适应的。经此类推，其他事物也是这样的。这也反映"内符"与"外摩"的道理。所以说，按着事物的不同特性来实施"摩意"之术，哪有不成的呢？根据被游说者的喜好而施行"摩意"之术，哪有一个不听从游说的呢？要想能独往独来，就要注意事物的细微变化，把握好时机，有成绩也不停止，天长日久就一定能化育天下，取得最后成功。

【案例延伸】

胡雪岩在经营过程中，是非常注重圆的作用的。同样，他也十分注意维护别人的面子。他认为，大家的关系是每个人共同精诚合作形成的。一个人的信誉破坏了，对大家都不利。所以他坚持给人台阶把事做圆满的原则。

胡雪岩出道之初，就显出这种气度。王有龄用胡雪岩捐助的五百两银子捐官成功后，回到杭州，得知胡雪岩为此丢了饭碗，落魄不堪，他当时就要还上信和钱庄的五百两银子，为胡雪岩洗刷恶名。他弄清了借据的内容，利息算法，立即就在海运局支出六百两银子，要去了了这笔账。他穿上官服，吩咐跟班备轿，让人准备鸣锣喝道，要和胡雪岩一同前往。按他的想法，自然是要以自己的威风，为胡雪岩扬一扬名，顺便也替他出一口恶气。

但胡雪岩却拒绝了。他并没有得理不饶人，而是设身处地地为别人着想。他不去的理由很简单，信和钱庄的"大伙"就是当初将他开除出信和的张胖子。如果此时他和王有龄一同前往，势必让张胖子非常尴尬，大失面子。而如此张扬出去，传扬开来，张胖子在同行、在东家面前的面子也没有了。这是胡雪岩不愿意看到的事情。他不仅不与王有龄同去，而且还叮嘱王有龄捧信和几句，也不要告诉他们他已经见到了胡雪岩。这使王有龄对他的做法不禁赞叹道：

"此人居心仁厚，至少手段漂亮。换了另一个人，像这样可以扬眉吐气的机会，岂肯轻易放弃？而他居然愿意委屈自己，保全别人的面子，好宽的度量！"

王有龄理解了胡雪岩的用心，单独去还这笔借款时，也做得漂亮。他特意换上便服，也不要鸣锣开道，且将官轿换成一顶小轿到了信和。由于信和当初就将这笔五百两银子的单子当作一笔收不回来的死账，因此他们也没把胡雪岩代王有龄写的借据当一回事，不知随便扔到哪里去了，此时王有龄来还钱，居然找不到凭条。钱庄张胖子将此情况据实相告之后，王有龄不仅没有为难他，而且二话没说，拿出该还的连本带息550两银子，只要求对方写个已经还清的笔据，至于原来的借据，以后找到，销毁就是了。

这一出了清旧账的戏确实"演"得漂亮。正像王有龄所想的那样，胡雪岩本来就受了冤枉，且不仅为此丢了面子，而且丢了饭碗以致落魄潦倒到给人打零工维持生计。现在终于可以为自己洗刷恶名了，换上另外一个人，大约真的不会肯白白放过这次为自己挣回面子，让自己扬眉吐气的机会。但胡雪岩首先想到的，却是如何保全别人的面子，难怪王有龄会打心眼里佩服他："好宽的度量！"

商场上保全别人的面子，也是在保全自己的面子。其实，如果胡雪岩在还钱时真像王有龄起先准备的那样，为了自己的扬眉吐气而使张胖子下不了台，别的不说，他至少不会让王有龄看到他的居心仁厚和"好宽的度量"。更重要的，为别人留一条退路，也是为自己开一条出路，所谓"饶人一条路，伤人一堵墙"，说的就是这个道理。别的不说，这一次为张胖子保全了面子，就使张胖子对胡雪岩不胜佩服，在其后胡雪岩创业过程中，真心实意以自己掌管的钱庄的力量，为胡雪岩解决了不少的难题，比如为海运局垫付漕米款项，比如出面为漕帮做保向"三大"钱庄借款以使漕帮渡过难关……

归根结底，胡雪岩不凡的气度及笼络人才的手腕，都归因于他有超过常人的度量。有了这样的度量，才能处处超过常人，不结怨仇，反收人心。所以，回顾胡雪岩的成功历程，气量实在是一个不可轻视的因素。

【鬼谷子的"诡"点子】

不管是和人交往，还是做某件事情，都应该明白对方心里想要的是什么，所做的事情未来是按照一个什么样的方向来发展，只有这样，我们才能在和别人的交往中占据主动权，我们把事情的发展纳入自己的掌控之中。

卷九　鬼谷箴言，参权之道

　　鬼谷子精通游说，是先秦纵横家的开山鼻祖。"权"是度量权衡的意思。在本卷中，鬼谷子就教我们如何度量权衡别人。和别人交谈，通过对方的谈话可以权衡出对方的实力，也能权衡出对方的性格特点。而这就是我们接下来想占领主动权必须要掌握的东西。这需要我们不但能随机应变，还需要我们有良好的语言沟通能力。

阐明真伪，正确验证

【古语阐"道"】

说者，说之也；说之者，资之也。饰言者，假之也；假之者，益损也。应对者，利辞也；利辞者，轻论也。成义者，明之也；明之者，符验也。难言者，却论也；却论者，钓几也。

【今言说"道"】

所谓"游说"就是对人进行劝说。对人进行游说的目的，就是说服人啊。游说者要会粉言饰词，用花言巧语来说服他人。借用花言巧语说服别人，要会随机应变，有所斟酌。回答他人的问话，要会用外交辞令。所谓机变的外交辞令是一种轻俏的言辞。具有正义与真理价值的言论，必须要阐明真伪；而阐明真伪，就是要验证是否正确。责难对方的言辞，是反对对方的论调，持这种论调时，是要诱出对方心中的机密。

【案例延伸】

生意场上的冒险就相当于一场博弈，你落哪一个子，敢不敢落下这一个子，都代表着一种勇气，同时也是一种决断。在这种关键时刻，经营者必须要在一念之间，做出自己的决定。有时候，一笔生意的成败，全看经营者是否能当机立断地拍板定夺。

一件事情的对与错、是与非，不能当机立断是很危险的。你越顾虑越观察，就越拿不定主意。你认为有价值的、对自己有利的，就要快刀斩乱麻地决定下来并付诸行动。认为不符合自己利益的就干脆不干，反正不要优柔寡断。现在很多商人的成功，其果断决策起了决定性的作用。成功的经验就是：敏锐观察，当机立断，该出手时就出手。

1931年，绰号"川南王"的恶霸地主刘文采派人用假银元向宝元通购买味精。宝元通的业务员拒收后刘文采恼羞成怒，以"扰乱金融"的罪名将营业主任逮捕入狱，并扬言要杀营业主任的头，关宝元通的门，企图以此置宝元通于死地。

在刘文采的淫威下，果然弄得满城风雨，人心惶惶，大有宝元通即将倒闭之势，再加上一部分股东要求退股，更给人以宝元通危在旦夕的印象。

为了稳住人心，宝元通决定首先退还职工亲友在商店的存款。他们组织了二十挑银担子，每挑装银元两三千元，大摇大摆挑上大街，挨户登门退款。这一举动在宜宾城引起了轰动，既显示了宝元通临危不乱，注重信誉，同时也告诉人们，宝元通实力雄厚，殷实可靠，是不会轻易就关门倒闭的。因为敢于在关键时刻与大地主叫板，宝元通安然地度过了危机。

商祖白圭为达到理财的目的，对各种市场信息极为重视，同时反应也极快，出手果断。一遇行情变化，立即做出决定，是买进还是卖出，绝不错过任何一次良机，用他的话说就是"趋时若猛兽鸷鸟之发"。

商场如战场，战场上没有常胜将军，商场也很少有百分之百的成功把握。投资的风险可以说是无所不在，这就要求每一个成功的经营者，除了要小心行事之外，还要敢于当机立断，万万不可前怕狼后怕虎。

有一次，胡雪岩的徒弟陈世龙从外面打听到，上海的帮会组织——小刀会将要起事。漕帮的首领尤五也证实了这个消息，这时候胡雪岩就犯难了。如果小刀会的势力扩大，外面的丝就难以运进上海了，果真是这样的话，就应该提前大批囤积、吃进生丝。不过囤积生丝也有风险，一是要占用资金，二是如果小刀会闹不起事，不到半个月就平息了的话，囤积生丝也就不能达到理想的效果。

该何去何从呢？到了最后关头，也只能根据已有的形势做出预测了，至于这个预测准不准确，情况是不是会朝预测的方向发展，这一切都是个未知数，但是，形势刻不容缓，必须马上做出决断。

胡雪岩前思后想，果断决定大量买进生丝，囤积在租界，准备到时大赚一笔！就算是高价也要大胆购进。

在胡雪岩的所有生意中，这一次的风险算是特别大。为了这笔生意，他调集了几十万银款，其中大多都是向同业拆借的。如果生丝囤积了好几月，在利息都搭进去了不少时市场禁令突然放开，丝价必大跌，那么胡雪岩就会亏到姥姥家去了。

果断的决策来自于对事物发展的准确预见，胡雪岩做出这个决断不是头脑发热，而是有着充足的理由：因为小刀会有洋人暗中相助，政府肯定会想方设法治一治洋人。对于政府来说，最好的法子就是禁止和洋人通商。这样一来，不到三个月，洋人就算有钱也买不到生丝，那时生丝的行情就会大涨了。

形势的发展果如胡雪岩所料：两江督抚上书朝廷，要求以禁商之法惩治洋人。朝廷同意了，不出几个月，丝价突然大涨。胡雪岩的这一决断大笔收获了白花花的银子。

一个人，要想赚大钱，必须得像胡雪岩这样有过人的胆识和气魄。敢做别人不敢去做的事情，更重要的是，要能察人所未察，在人所共知的风险中找出别人所未能看到的机会，只要看准了就当机立断，冒别人所不敢冒的风险。

【鬼谷子的"诡"点子】

商机，对于所有的人来说都是机会均等的，而且商机又具有很强的时效性。但当机遇临门之时，是否能抓住，关键就取决于是否果断了。如果瞻前顾后、犹豫不决、该出手时也不出手，那么，煮熟的鸭子也会飞走，只好眼睁睁地看着银子哗啦啦地从自己身边溜过。

说话之前，看清情况

【古语阐"道"】

佞言者，谄而干忠；谀言者，博而干智；平言者，决而干勇；戚言者，权而干信；静言者，反而干胜。先意承欲者，谄也；繁称文辞者，博也；纵舍不疑者，决也；策选进谋者，权也；他分不足以窒非者，反也。

【今言说"道"】

说着一些奸佞之话的人，会因谄媚而显得忠诚。说着奉承话的人，会因吹捧对方而显得有智慧。说着一些平实之话的人，会因果决而显得勇敢。说忧愁话的人，会因善于权变而显得有信用。说稳重话的人，却由于能反抗而胜利。用华美的辞藻来鼓吹欲望者，就是谄媚。用夸大与吹嘘来进献谋略，博取上司欢心的人，就是关于权变者。前后进退而不犹疑者，就是果决的人。自己不对而又指责他人过错的就是反抗者。

【案例延伸】

说话，看似平淡无奇，实际上却是一门相当高深的学问，要如何把话说得动听、如何把话说到听者心窝里，的确是相当不容易的一件事。有些人天生性急，总是不假思索就脱口而出，往往等到察觉说错话的时候都为时已晚了；有些人则是沉默不语，该说话的时候不说，以为"沉默是金"，不懂的说话适当时机的人，也往往会错过许多大好机会。

要想把话说得恰到好处，卡耐基强调最重要的一点就是把握住说话时

198

机，说话之前先看清情况。孔子在《论语·季氏篇》里说："言未及之而言谓之躁，言及之而不言谓之隐，不见颜色而言谓之瞽。"

不该说话的时候却说了，叫作急躁，应该说话了却不说，叫作隐瞒，不看对方脸色变化便贸然开口，叫闭着眼睛瞎说。这三种毛病都是没有把握住说话时机。说话是直接的语言交往，从来就不是一个人的事。双方当场对面，还要受到周围环境的种种限制。该说话时不说，时过境迁会失去成功的机会。一句话说到点儿上，很快拍板，事情就办成了。说话时机的把握，有时就在瞬息之间，稍纵即逝，时不待我，失不再来。因此，说话时机的把握，比掌握、运用其他说话技巧更难、更重要。

说话的时机是由说话的时境提供的。说话的时境包括自然环境、社会环境、心理环境、语言环境，涉及的范围相当广，可以说，一个人说话是以整个社会生活为背景的。要把握准说话的时机，就不能不对说话时境与说话行为之间的变化规律及特点有一个基本的认识。

说话的时境具有客观性的风格，对于说话的主体而言，时境构成的诸种要素都是客观存在的。无论有没有说话行为发生，自然环境和社会环境都是以客观的形式独立，这一点早已为哲学家们所证明。心理环境和语言环境虽然可以在说话过程中随时生成，但一经生成，就是以客观的形式存在的，和社会环境、自然环境一样对说话行为产生制约作用。人的说话行为只能在具体的时境中发生、进行，谁也无法随着自己的主观意志去摆脱它、超越它，说话行为也只有与具体的时境结合并保持统一，才能准确表达自己要说的意思。

中国第一位现代舞拓荒者裕容龄，年轻时随外交官父母迁居巴黎。由于受旧礼俗困囿，一直不敢进言学舞的愿望。一次日本公使夫人来做客，顺便问其母："你家小姐怎么不学跳舞呢？我们日本女孩都要学的。"裕母不便拒绝，顺水推舟道："往后让学吧！"裕容龄趁机进言了："好母亲，我今后就学日本舞跳给你看，好吗？"说罢便换上舞装跳起《鹤龟

《舞》，公使夫人夸赞不已，母亲也只好认可。这里，裕容龄的进言成功，全在于那抓住时机的"机锋"上。

许多人有一个共同的毛病，那就是在不必要的场合中把自己所拥有的一切话题在一次机会中全部谈完，等到需要他再开口的时候已无话可说了。这种现象，不论是在普通会话还是正式的演说场合中都应该引起我们重视的。孔子特别提出要避免"言未及之而言"的急躁。单从主方看急躁说不清楚。把思路向外转，换种思路问"客方能接受什么？"问题就会简化得多。

2004年亚洲杯开赛之前，中国队有队员不合时宜地说了大话："不得冠军，还做什么人？"其实，得不了冠军未必不是人，即使得不了冠军，能知道什么叫分寸、什么叫说话的机宜，那也还不错，倒是在没有把握的前提下把大话说得没了回旋的余地，那才错得太离谱了！

一个具有高明演说技巧的人，能够很快地发现听众所感兴趣的话题，同时能够说得适时适地，恰到好处。换言之，他能把听众想要听的事情，在他们想要听的时间之内，以适当的方式说出来，这是一种无与伦比的才能，这种能够把握优越时机的人，即使是在遭到突变，受到阻碍时，也能转危为安，化险为夷。

如果你是一位从事制造方面工作的人，当你训练新员工时，也必须了解何时适合于进行这种职前教育。如果公司在竞争中处于下风，而你还反复不停地议论参加这次竞争的不明智，那真是愚蠢至极的行为。如果你是一名推销员，如何使对方认清自己所提出的有利地方和特点，如果要使这笔生意能签订合同，你该在什么时机说什么话。如果你是从事广告业务的，那么你一定要知道什么时机适合做何种商品或服务性的广告。更甚者，如果有一个人家在办丧事，处于无限悲痛之中，你就不能以要求的口吻叫他去干这个，干那个。

【鬼谷子的"诡"点子】

我们在说话之前一定看清当前的情况和自己所处的环境，什么话该说，什么话不该说，这是一门学问。

细致观察，一击致命

【古语阐"道"】

故口者，机关也；所以关闭情意也。耳目者，心之佐助也；所以窥间见奸邪。故曰：参调而应，利道而动。故繁言而不乱，翱翔而不迷，变易而不危者，（者见）要得理。

【今言说"道"】

一般说来，"口"就是人的"机关"，用它来封锁、宣传信息。耳目，就是心的辅助器官，用它来侦察奸邪。所以说，只要（口、耳、目）三者相互呼应，就会走向成功。一般说来，虽有烦琐的语言并不纷乱，虽有翱翔之物并不迷惑人，虽有局势的变化并不危险，就是要在观物时掌握要害。

【案例延伸】

最成功的商人都有自己的"大手笔"，他们靠"大手笔"指点江山，把该集的资金集在手中，从而为下一个"大手笔"做好铺垫工作。李嘉诚从股市集资的例子，最精彩的要属1987年那次"百亿大集资"。这是香港历史上规模最大的一次股市集资活动，至今为人们所称道。

1987年3月，香港电灯宣布该集团进行重组，一分为二，原来集团之电力业务仍归香港电灯集团持有，而其余非电力集团业务分拆交给一家新成立的上市公司"嘉宏国际集团有限公司"持有。嘉宏国际将于当年6月独立上市，市值达100亿港元。消息传来，市场轰动。

根据重组协议，嘉宏未来的总发行股数约为24.61亿余股，嘉宏将以每10股港灯股份换2股嘉宏股份的方式向和黄购入其持港灯的23.5%股权。

而和黄在完成这次分拆建议后共持嘉宏约13亿余股，相当于嘉宏53.8%股权。连同其以一股换一股方式获配嘉宏股份，和黄未来将控制嘉宏股权52.9%至53.8%之间。余下嘉宏的46.2%股权则由原来港灯股东（不包括和黄在内）持有。分拆后，和黄将从原来直接控制港灯53.5%股权改变为不再直接控制港灯，而只是通过持嘉宏控制性股权持港灯同等股数。嘉宏则变为港灯集团之最大股东。

这次港灯集团趁股市大旺时机进行分拆，是个扩展业务、增强公司新的活力的好办法。一方面给予投资者选择不同业务投资的机会，港灯股东如不愿投资地产风险的便可出售嘉宏的股票，保留或转向港灯的投资；另一方面将业务分拆后各自进行独立经营，组织更为科学，管理更为有效，发展更具弹性。

这样，无论是原来的港灯还是新成立的嘉宏将给股民以新的形象，分拆出的业务更具专业性，便于集资，可注入新资金、新活力，提高集团股票市值，增强社会吸引力。正如该集团主席马世民在记者会上宣布该项建议时指出的：由于电力及非电力业务各自所涉风险不同，将其业务分别由两家上市公司经营，将可使股东按各自需要改变对公用事业及投资业务之投资组合，而分拆后亦令股东更易评估两类业务之优点。他否认这次重组建议跟日前立法局议员许贤发对港灯提出的咨询有关。

较早前当港灯宣布与和黄合资27亿投资加拿大赫斯基石油公司时，曾引起立法局议员许贤发在立法局公共事务小组上质疑。许氏认为港灯不应参与海外有巨大风险的投资计划，以免因一旦投资失败而影响港灯集团的专利发电业务。李嘉诚亦强调，整个重组建议是由港灯主动提出，并于不久前通知港府并取得支持，因此这次港灯分拆绝非受港府压力所致。他还说："分拆以后，港灯的业务盈利将受到利润管制计划所保障，而拥有非电力业务的嘉宏国际在将来之盈利潜力得以无尽发挥，可收一举两得之效。"

　　7月，李嘉诚赴英国伦敦参加"奥斯特利中国节"纪念活动。他在回答记者关于是否和黄有意向英国斥巨资的提问时表示："除了香港之外，若我们见到别的国家有好的投资机会，只要能够赚到合理利润，对公司前景好，我们都会考虑。"

　　有人问他"此行来英是否就是为了寻求投资的好机会"，李嘉诚坦然说："是，根本就是。我们正在对一些投资项目进行接洽。但我一向认为我们的根基在香港。例如，去年我们对加拿大赫斯基石油公司的投资，到今天，几乎99%的人，都可以说该项投资是成功的，可见这是很简单的一回事。"

　　9月14日，李嘉诚在记者招待会上宣布其控制下四家公司（长实及其名下三家公司和黄、嘉宏、港灯）集资100亿港元，其中29亿用于收购英国大东电报局4.9%股权。这是香港有史以来最庞大的集资行动，对市场影响极大，引起全港轰动。李嘉诚亲自向各记者及证券界解释这次供股计划，回答记者提出的问题，谈笑风生，妙语连珠，不时爆发出一阵阵笑声。

　　李氏起先一律以粤语作答，然后才由公关作即时翻译。当谈到"100亿"时，翻译因数目过于庞大，以为听错而犹豫了一下，李嘉诚迫不及待地用英文讲出，反映其得意的心情，对事业充满信心。

　　这次庞大集资计划，长实承担金额约为一半，余下由包销商及股东负责。其办法是按当日市价二成折让，具体分配是：长实以十供一，每股供价10.4元的形式集资20.78亿元；和黄以八供一，每股供价11.2元的形式集资37.53亿元；嘉宏以五供一，每股供价4.3元的形式集资27.78亿元；港灯以五供一，每股供价8元的形式集资24.18亿元。四家公司的集资总额达103.27亿元。这次供股计划的特点，采用"连锁包销"形式，即大股东或控股公司除了按所持股权接纳供股外，还会再包销一部分新股，使得它们承担了其中一半的包销责任。

至于其余一半的新股，则由万国宝通国际、获多利、新鸿基、加拿大伯东融资及百利达亚洲负责包销。如所有股东接纳供股，长实系公司在市场所吸纳之资金为65.06亿元，但当时市况逆转，长实系除需按所持股权承担本身供股责任外，再需履行其包销承诺金额，约为14亿元，其他包销商所负担的供股金额为51.06亿元。

这个数字对于香港这五家包销商来说，理应不会构成什么困难。但由于适逢全球性股市大灾难，香港股市由牛转熊，每家公司所拟定的供股价都较市价高达三成以上，出现了大幅度不足额认购，四家公司接获股东认购只占总股数0.1%~0.4%，接近五成的股份均由五大包销商承担，供股总值达50余亿元。

值此市况不景气之时，各信托基金的经营已十分艰苦，若要它们承担太多的供股额，只会迫使它们按其股份抛售套现，对市场所构成的压力不可谓不大。因此，许多人认为长实系应该取消供股计划，以缓和甚至消除市场压力。为此，获多利曾与多家金融机构游说李嘉诚放弃集资计划，但没有成功。这是可以理解的。只要站在长实系的立场上，取消供股计划是不可能的事。因为无论是长实、和黄、嘉宏还是港灯，这四大公司都是香港举足轻重的财团，向来信誉卓著。一旦将集资计划取消，将会予人以话柄，认为长实系终于要受到市况逆转的冲击而低头。

再说，李嘉诚在公布供股计划前已对未来的发展大计做了部署，如果集资计划失败，数项大的发展计划将会胎死腹中，对于一向具有进取心的长实系集团来说，这并非是其所愿见的。

另外，该包销商都是香港鼎鼎有名的大银行和财务公司，宁愿艰苦地挨过这次难关，也不愿意贸然得罪长期与之密切合作的老主顾——长实系集团。况且，除了公司与包销商签有协约之外，四大公司彼此之间也做了不可撤销的承诺，承购其所控公司供股权的50%。五大包销商又与一百多个分包销商签订合同，彼此都有明文规定的条款所制约，造成取消集资难乎其难矣。

李嘉诚的特点是说到做到，一承诺就兑现。他在回答记者关于"这次股市大跌、（百亿）集资计划是否会有改变或暂时取消"的提问时指出："这次集资，其中50%是由我认购包销的，和其余包销商的正式合同尚未签署，如果要暂时取消在法律上是可以的。但我不想给人批评为不守信用，因为股价跌落就取消包销，以避免损失，所以我个人承担的责任一定照数兑现。……我希望维持长实系的合理股价，老实说，原因之一，也是在求巩固长实系各公司的信誉。"

事实上，李嘉诚本人按协议规定包销长实一半的新股，共99888920股，现金10.3851亿元。仅是包销长实新股数，李嘉诚的账面损失达3.5亿元。他负责包销有关股票，也不收取分文包销佣金。

结果在李嘉诚的努力下，长实系四家公司百亿计划大功告成。除长实系的大股东或控股公司承担其供股责任之一半50亿元外，其余的由上述五家包销商及数百个分包销商承担。由于这次集资行动大大巩固了这些公司的财政基础，从而保证了李氏家族在香港十大财团中仍然处于遥遥领先的地位。

1987年度长江实业除税后之综合纯利为港币15.89亿元，较之1986年的12.829亿增加了23%。因此，李嘉诚在1988年元旦聚餐会上自豪地说："在过去两个月来，香港的经济和金融市场，经历了一次有史以来最大的波动，但我们公司和联营公司，整个集团都做得很好，以智慧和辛勤争取得来的业绩，比去年更为有利，更为稳定。1987年的纯利，有一个良好的数字，而集团的一切，前途都是非常美好的。"

【鬼谷子的"诡"点子】

俗话说得好：舍不得孩子套不得狼。虽然意思很浅显，但告诉了我们一个非常重要的道理：任何事情都要有一定的付出作为代价，自己的付出和收入成正比。一个商人，如果在商海中没有自己的灼见，没有敏锐的判断力，没有果断的执行力，唯唯诺诺，瞻前顾后，终究是不可能成功的。

低调做事，谨慎发言

【古语阐"道"】

故无目者不可示以五色，无耳者不可告也五音。故不可以往者，无所开之也。不可以来者，无所受之也。物有不通者，圣人故不事也。古人有言曰"口可以食，不可以言"者，有讳忌也。众口烁金，言有曲故也。

【今言说"道"】

由此可知，没有眼睛的人，没有必要拿五色给他们看；同理，没有耳朵的人，没必要让他们听五音；所以不可以去的地方，不必让他们去，不可以来的人，也没有必要接受他们。有些行不通的事，就不要办。古人有言，说："嘴可以吃饭，不可以说话。"说的是讲话是有忌讳的。警惕人言可畏，那是因为人言可以把事实歪曲的。

【案例延伸】

曾国藩年轻时也是个多嘴多舌的人。他的特点是言语刻薄，因此很容易得罪人。有好几次，他在席上取笑别人，反而遭到别人的讥讽，使他很是尴尬。有一次上朝，他不经意说了几句话，顿时引起同僚的猜忌，虽然他并非有意，但听者有心，搞得他很孤立，也很狼狈。遭遇过多次这样的情况后，他发誓从戒多言开始，重塑个人形象。

道光二十二年（1842）十一月七日，他决定从谨言着手，加强修养，并说："除谨言静坐，无下手处。"但时隔一日，好友冯卓怀来，一同到陈源兖家为其母拜寿，吃长寿面。席间曾国藩又犯了多言的毛病。据他自己说："席间一语，使人不能答，知其不能无怨。言之不慎，尤悔丛集，可不戒哉！"事后他愤恨不已，在日记中写道：

"凡往日游戏随和之处，不能遽立崖岸，唯当往还渐稀，相见必敬，渐改征逐之习；平日辩论夸诞之人，不能遽变聋哑，唯当谈话渐低卑，开口必诚，力去狂妄之习。此二习痼弊于吾心已深。（要紧！要紧！）前日云，除谨言静坐，无下手处，今忘之耶？以后戒多言如戒吃烟。如再妄语，明神殛之！并求不弃我者，时时以此相责。"

自从立下这个毒誓后，曾国藩多言的毛病确实改掉了。他对慎言语的重视，影响到了他的整个生活。

多言有许多害处：

其一，多言易得罪人，把人际关系搞坏。如果出言之前不仔细考虑别人的想法，随心所欲说出来，必然有意无意会伤及他人。而说出去后，再也无法收回，其害处也就无法避免了。

其二，多言则傲。曾国藩曾说过："古来言凶德致败者约有二端：曰长傲，曰多言。丹朱之不肖，曰傲曰嚚讼，即多言也。"多言实际上是内心狂傲的表示。喜欢说话的人，要么是吹牛皮，要么就是自以为了不起，看不起他人，这才按捺不住冲动，要说出来批评或指导别人。所以要保持谦虚状态，应尽可能少言。多思考，少废话，多听别人的看法和意见，时间长了自然虚心。

其三，多言则欺。言语一般是用来表达自己的某些观点、意见的。倘若自己对这些方面没有研究，就无话可说。如果强不知以为知，只好用大话吓人。曾国藩认为，多言则不诚，也是这个道理。后来他非常讨厌那些说大话、空话的人，正是他自己谨言的结果。

最后，多言则易败。俗语云："言多必失"，"祸从口出"，就是这个道理。《颜氏家训》中说："无多言，多言多败；无多事，多事多患。"对成大事之人来说，严谨是一重要的要求。同治六年（1867）九月，曾国藩给淮军名将刘铭传的信中说："古来人才，有成有不成，所争每在'疏密'二字。"

"疏"则多言，"密"则守口如瓶。如果多言，透露出去的信息就会很多，一旦为对手察觉，很容易导致失败。历史上这样的例子不胜枚举。

正因为多言有如此多害处，曾国藩才痛下决心将之戒掉。他把谨言看作是"慎"字第一义。曾国华长子曾岳崧，在其父于三河镇战死时，年仅4岁，后在曾国藩抚养下长大。他立志要报仇雪恨，想成就一番事业，报效国家。曾国藩给他写了一封长信，授以他成才成事的途径，其中之一是"敬慎"二字。信中说：

"须从"敬"、"慎"二字上用功。敬者，内则专静纯一，外则整齐严肃……慎者，凡事不苟，尤以谨言为先。"

可能是曾国藩担心曾岳崧像自己年轻时一样多言好动，所以谆谆告诫，学"慎"字功夫，以谨言为先。曾国藩自己为官谨慎、用兵谨慎，是在从军以后才逐渐表现出来的。唯有谨言，自他考中进士后几年内就感到其迫切性。由此可证，他所说的"以谨言为先"是有道理的，是他根据切身体会得出的经验之谈。

曾国藩经常告诫兄弟和手下要戒多言。曾国华为人刚烈，说话苛刻。曾国藩特地给他取字为温甫，让他说话温和些，少得罪些人。后来曾国华性情果然大为改观。

曾国华战死，曾国荃成了兄长的左膀右臂。一开始，因不熟悉官场规律，也是多嘴多舌，言语无忌。曾国藩接连数次给他写信，甚至当面加以责备。咸丰十年（1860）九月，为是否北援解北京之围一事，曾国藩一直以"缓"字应付。曾国荃不明其中道理，说了很多。曾国藩斥责道："弟只管安庆战守事宜，外间之事，不可放言高论，毫无忌惮。"经过几番苛责，曾国荃收敛了很多，曾国藩很高兴，在给两位兄弟的信中说："沅弟以我切责之缄，痛自引咎，惧蹈危机而思自进于谨言谨行之路，能如是，是弟终身载福之道，而吾家之幸也。"

曾国藩对幕僚和部下也以谨言相要求。他在给叶光岳的批牍中教导说："第一说话要谨慎，不可随口编凑谎话。"吴汝纶是桐城派古文家，文章高手，1866年入曾国藩门下，与黎庶昌、张裕钊、薛福成并称四大弟子。他刚入曾门，曾国藩就告诫他要谨言。吴汝纶在日记中写道：

"《三代世表序》'盖其慎也'，'慎'为立言至要之义。余初见曾文正公，公告以立言宜慎，因自举其箴戒之询，有云：'慎尔毁誉，神人共鉴。'《史记》全部皆以慎为主，班氏亦能守其遗法，后之史书所以为秽者，由其不能慎也。"

吴汝纶受曾国藩影响极大，文风、办事、谨言，都依法其师，得其真传，1870年因曾国藩推荐而被授为深州知州，后任冀州知州，并主持保定莲池书院长达十年。他思想开放，讲求西学，曾任中国第一所现代大学京师大学堂总教习，赴日本考察教育，建树颇多。

【鬼谷子的"诡"点子】：

曾国藩认为：巧妙的言语虽然能令人喜悦，却也会扰乱自己的心神，用闲语打发无聊时，也搅乱了自己的精神。明白的人不会夸你，有人夸你是因为他不明白。道听途说的东西，聪明的人一笑了之，愚笨的人则感到震惊。受到震惊的人也终究会明白真相，会认为你存心欺骗，而嘲笑的人会因此而看不起你，即使你说实话，他们也不再相信。对过去的行为感到十分后悔，便写下来警告自己，写下来后再重蹈覆辙，那就永远不可救药了。

看清自己，发挥长处

【古语阐"道"】

人之情，出言则欲听，举事则欲成。是故智者不用其所短而用愚人之所长；不用其所拙而用愚人之所工；故不困也。言其有利者，从其所长也；言其有害者，避其所短也。故介虫之捍也，必以坚厚；螫虫之动也，必以毒螫。故禽兽知用其长，而谈者亦知其用而用也。

【今言说"道"】

人之常情，只要自己说出话，就希望有人听，只要办事情就希望能成功。所以一个聪明人不用自己的短处而用愚者的长处。不用自己的笨处而用愚人的善长，这样就使自己永远不会陷于窘迫。说到有利的一面，就要发挥其长处，说到有害的一面，就要避其短处。因而，甲虫防卫，是用其坚硬的甲壳。而毒虫行动，一定用那毒来螫。连禽兽都知道用自己的长处，何况进谏的人，更应该会用游说术了。

【案例延伸】

如果现在你仍然不太相信"自己推销自己"的原理，请向那些事业有成的人打听一下，看看他们有什么想法。你一旦问清楚了，就一定要开始实行"自己推销自己"这个好主意了。设法提高你的思考能力，使你像重要的人生一样思考。

李嘉诚逐步认识到，推销的实质是推销自我，只有将自己成功地推销给别人，别人才能由人及物，乐于购买你的产品。所以一个优秀的推销员在推销产品时，首先要注意推销自己，能把自己推销给别人，推销就成功了一半。

　　为此，李嘉诚十分注意自我包装，他认为产品需要包装，推销产品的人就更需要包装了。推销员的包装不仅包括衣着打扮，更重要的是在言谈举止中体现出来的内在修养。他为自己定下的标准是要具有绅士风度。

　　因此，尽管李嘉诚收入不高，家庭负担沉重，但他怀有大抱负，想攒钱办大事，他十分注意自己的仪表修饰。他的服装虽然并非名牌，但相当整洁。

　　他对自己的行为有一个简单而又全面的衡量标准，那就是要给任何人都留下好印象。

　　在推销过程中，李嘉诚注意有意识地结交朋友，他经常在拜访一个客户时，先不谈生意，而是建立友谊。他认为，只要友谊常在，生意自然不成问题。

　　另外，李嘉诚结交朋友，并不全以客户为选择标准。他认为，某人今天成不了客户，或许将来会是客户；某人自己做不了客户，可能会引荐其他的客户；即使促成不了生意，帮忙出出点子，叙叙友情，也是一件好事。

　　有道是："一个篱笆三个桩，一个好汉三个帮。"李嘉诚广博的学识、诚恳的态度，塑造了他那种独特的魅力。因此，人们十分乐意与他交朋友。无论什么时候，李嘉诚的周围总会有一帮朋友为他出谋划策。

　　有了朋友的帮助，李嘉诚在推销这一行，更是如鱼得水。李嘉诚曾说："人要去求生意，就比较难，让生意跑来找你，你就容易做。"

　　如何让生意跑来找你呢？当然得靠朋友。如何交朋友呢？关键要注意信誉，处理好利益问题。

　　李嘉诚认为，善待他人，利益均沾是生意场上交朋友的前提，诚实和信誉是交朋友的保证。后来的李嘉诚在生意场上的朋友，多如繁星，几乎每个与他有一面之交的人，都会成为他的朋友。

　　正如在积累财富上创造了奇迹一样，李嘉诚的人缘之佳在险恶的商场同样创造了奇迹。李嘉诚在生意场上只有对手而没有敌人，不能不说是一个奇迹。

对待工作，李嘉诚总是最大限度地表现自己的诚意，从而给老板、同事留下了良好的印象。这也是他推销自己的一种方法。

由于李嘉诚的推销业绩不凡，已在同事中有了一定的影响，他们无不对这位聪明的少年刮目相看。五金厂的员工想把铁桶卖给一家旅馆老板，但是一直不能成功。因此，知难而退的同事们公推李嘉诚出马。李嘉诚不愿放弃这一难得的自我挑战机会，毅然应允。

李嘉诚并没有急于去见那位老板，而是找机会与旅馆的一个职员套近乎。没多久，他与那位职员拉上了关系，很快便和他像老朋友一样。通过这位职员，他得知了一些有关这家旅馆老板的情况，其中有一件事引起了李嘉诚的特别注意。

原来，这位老板中年得子，将儿子像宝贝一样。现在旅馆开张在即，千头万绪，而他儿子却整天缠着要去看赛马。他根本抽不出时间满足儿子这一愿望。

这位职员本是把这件事当作趣闻来提起的。然而言者无意，听者有心。李嘉诚听到这件事，便感觉他已经找到了突破口。

于是，李嘉诚让这个职员牵线，自掏腰包带老板的儿子去快活谷马场看赛马。在跑马场上，老板的儿子兴高采烈，十分快活，回家后仍兴奋地向父母叽叽喳喳说个不停。

李嘉诚此举令旅馆老板十分感动，他一时不知如何答谢才好。在李嘉诚的劝说下，最终同意从李嘉诚手中买下了380只铁桶。

这次行动，使李嘉诚成为五金厂的一等"英雄"。

善动脑筋、善做变通是一个优秀推销员的必备素质。李嘉诚在这方面显示出了突出的天分。

李嘉诚所用的这种小手腕，显得有点狡猾，狡猾是一个贬义词，不过他做的是一件利人利己的事，而不是损人利己，因此，恐怕只能用聪明来形容。他的聪明之处在于通过对客户有益的行动，表达了自己愿意与之做生意的诚意，这比纯粹用语言表达，要有效得多。

机动灵活而始终体现一个"诚"字，这就是李嘉诚所要推销的自我。

【鬼谷子的"诡"点子】

自我推销，首先要明白自己的优势在哪里，这样才能了解自己，增强自己的自信心。这样才能让别人知道你，知道你的优势。而且自我推销做得好的话，口碑也一定会不错，那样你就会具有重大的凝聚力，从而吸引财富。

说话之前，克制情绪

【古语阐"道"】

故曰：辞言有五：曰病，曰恐，曰忧，曰怒，曰喜。病者，感衰气而不神也。恐者，肠绝而无主也。忧者，闭塞而不泄也。怒者，妄动而不治也。喜者，宣散而无要也。此五者精则用之，利则行之。

【今言说"道"】

所以说，在言辞中有五种情况：一是病态之言，二是幽怨之言，三是忧郁之言，四是愤怒之言，五是喜悦之言。一般地说来，病态之言是神气衰弱，说话没精神。幽怨之言是伤心痛苦，没有主见。忧郁之言是心情郁结，不能畅言。愤怒之言是轻举妄动，不能控制自己的话。所谓喜悦之言是说话自由散漫，没有重点。以上这五种外交辞令，精要者可以使用，有利者可以付诸实行。

【案例延伸】

生活中，我们有时在领导面前说错了话，虽不至于掉脑袋，但后果却也会很糟糕。

俗话说，伴君如伴虎。上司毕竟不像一般同事。何况一般同事之间也应该注意分寸，说话不能太无所顾忌。与领导相处，就更应该注意，平时说话交谈、汇报情况时，都要多加注意。特别是一些让领导不愉快的话，就更要小心把握。如：

"不行吗？没关系。"这话是对领导的不尊重，缺少敬意。退一步来讲，也是说话不讲方式方法，说了不该说的话。

"无所谓，都行。"这句话会让领导认为你感情冷漠，不懂礼节。

"您不清楚。"这句话就是对熟悉的朋友也会造成很大的伤害，对领导说这样的话，后果更加严重。

"有劳了。"这句话本来应该是上级对下级表示慰问或犒劳时说的，下级如果对上级这样说，后果似乎不太妙。不小心说错了话如何补救呢？在领导面前说错了话，一旦反应过来，要立即就此打住，马上道歉。不要因害怕而回避，应面对事实，尽量避免伤害对方的人格和面子，必要时可以再进行说明，而不必要的辩解只会越描越黑。

不经意地说："太晚了。"这句话的意思是嫌领导动作太慢，以至于快要误事了。在领导听来，肯定有"干吗不早点"的责备意味，你看这话能说吗？

"这事不好办。"领导分配工作任务下来，而下级却说"不好办"，这样直接地让领导下不了台，一方面说明自己在推卸责任，另一方面也显得领导没远见，让领导没有面子。

"您真让我感动。"其实，"感动"一词是领导对下级的用法，例如说："你们工作认真负责不怕吃苦，我很感动。"而晚辈对长辈或下级对上级用"感动"一词，就不太恰当了。尊重领导，应该说"佩服"。如"经理，我们都很佩服您的果断。"这样才算比较恰当。

另外，过度客气有时反而会招致误解。和领导说话应该小心谨慎，顾全大体。但顾虑过多则适得其反，容易遭受误解。所以应该善于妥善处理，以平常心去应付，习惯成自然，对这类情况就可以应付自如了。如果想克服胆小怕事的心态，有时越是谨慎小心，反而越容易出错，而一旦被上司误认为没有魅力，自然就得不到重用。

【鬼谷子的"诡"点子】

把握说话的火候，主要就是把握说话的分寸。说话的分寸把握，我们在前面几节中已经讲了不少，现在着重讲一下在社交场上，如何在自己的上司面前说话，这是人际关系中一门重要的学问，但我们如果能很好地把握好与上司说话的火候，前程与事业上的一些难题自然会迎刃而解。

见不同人，说不同话

【古语阐"道"】

故与智者言，依于博；与博者言，依于辨；与辨者言，依于要；与贵者言，依于势；与富者言，依于高；与贫者言，依于利；与贱者言，依于谦；与勇者言，依于敢；与愚者言，依于锐；此其术也，而人常反之。

【今言说"道"】

所以与智者谈话，就要以渊博为原则；与拙者说话，要以强辩为原则；与善辩的人谈话，要以简要为原则；与高贵的人谈话，要以鼓吹气势为原则；与富人谈话，要以高雅潇洒为原则；与穷人谈话，要以利益为原则；与卑贱者谈话，要以谦恭为原则；与勇敢的人谈话，要以果敢为原则；与上进者谈话，要以锐意进取为原则，这些都是与人谈话的原则。然而不少人却常常背道而驰。

【案例延伸】

同样一句话，你对甲说，甲肯全神贯注地听，你对乙说，乙却顾左而言他。这时候对甲说，甲乐于接受，那个时候对甲说，甲觉得不耐烦。这除了表示甲乙两个人的生活环境不同，也表示甲前后的心情不一样。

当年赵高要陷害李斯，对李斯申说秦二世的行为不对，劝李斯进谏，并约定秦二世有闲时候，代为通知李斯。有一天李斯应约进宫，二世正与姬妾取乐，看见李斯进来。心中很不高兴，而李斯却茫然无所知，正言进谏，二世只好当场敷衍一下。等李斯一退出，二世便开始发牢骚，说丞相瞧不起他，什么时候不好说，偏在这个时候来啰唆！

李斯的杀身之祸也就是因为如此。可见你要向对方说话，应该注意什么时候最适宜。对方正在工作紧张的时候，不要去说话；对方正在焦急的时候，不要去说话；对方正在盛怒的时候，不要去说话；对方正在放浪形骸的时候，也不要去说话；对方正在悲伤的时候，更不要去说话。只要有上述几种情形之一，你去说话，一定会碰一鼻子灰，不但说话的目的达不到，而遭冷遇也是意料中的事。

你有得意的事，就该与得意的人谈，你有失意的事，应该和失意的人谈。和失意的人谈你得意的事，你不但不知趣，简直是挖苦、讥讽他，他对你的感情，只会更坏，不会变好的。和得意的人谈你失意的事，他至多与你作表面的应付，绝不会表示真实的同情。有时还可能引起误会，以为你是要请他帮助，他会预先防备，使你无法久谈。所以你要诉苦，应找同情形的人去诉，同病自会相怜，不但能得到精神上的安慰，亦可稍叙胸中不平之气。你要谈得意事，应该向得意的人去谈，志同道合。年轻人涵养功夫不够，稍有得意的事，便逢人就说且自鸣得意，结果招人骂你器小易盈，笑你沾沾自喜，无意中还会惹起别人的妒忌。偶有不如意使你觉得满腹牢骚，如有骨鲠在喉，不免逢人就诉，结果惹人讨厌，说你毫无耐性，甚至笑你活该。

【鬼谷子的"诡"点子】

总而言之，你要说话，先要看准对象，他是愿意和你说话的人吗？如果所遇非人，还是不说为好；这个时候，是你要说话的时候吗？如果时候不对，还是不说话的好，说话的成功与失败，诚然与你的说话技术有关，而是否得其人得其时，也与你说话的成败有很大的关系。多说话，别人未必当你是能干，少说话，也未必当你是呆子。

保持原则，知人善用

【古语阐"道"】

是故与智者言，将以此明之；与不智者言，将以此教之。而甚难为也。故言多类，事多变。故终日言不失其类，而事不乱；终日变，而不失其主，故智贵不妄。听贵聪，，智贵明辞贵奇。

【今言说"道"】

所以，与聪明人谈话时，就要让他明了这些方法，与笨人谈话时，就要把这些方法教给他。然而事实上很难做到。所以说谈话有各种方法，所论事情会不断变化。（掌握这些）终日谈论，也不会把事情搞乱。事情不断变化，也不会失其原则。故就智者而言重要的是要不乱不虚，听话善辨真伪，聪颖则善断是非，出言要变幻莫测。

【案例延伸】

胡雪岩长于算计，谋事周到，"公关"厉害，招数高明，所做之事多能办成，这是他的本事，对此他也很自信。然而，仅靠他一个人的本事，只能唱独角戏，顶多一个"个体户"，不会成为一个集钱庄、丝行、典当、军火、粮食、房地产生意于一体，经营范围涉及浙江、江苏、上海几乎半个中国，甚至还把手伸到外国人那里去的红顶商人。他成功的秘诀，在于能用人，也就是集中大家的力量为我所用，从而创造出经营上的奇迹。

胡雪岩的用人，一是内部聘用，二是外部利用。在聘用职员上，他不拘一格选拔人才，只要有所长，即大胆使用。如小船主老张，老实忠厚，人缘好，对丝茧较为熟悉，胡雪岩就投资一千两白银聘他当丝行老板。刘

221

庆生本是一个钱庄站柜台的伙计，但人很精明，是可造之才，胡雪岩就用他当阜康钱庄的档手。陈世龙是一个类似街头混混的小青年，还好赌，胡雪岩发现他很机灵，也能管住自己，是个可堪造就的人才，就收他当伙计，而且还肯下本钱培养他，要把他造就成一个如古应春那样的"康白度（买办）"。如此这般，胡雪岩为自己网罗了一批十分能干的帮手。他不仅善于识别、选拔人才，而且能根据他们的专长，各有所用，充分信任。老张当丝行老板，为人老实，才能有限，胡雪岩却一再鼓励他大胆去干。刘庆生当阜康钱庄档手，胡雪岩就放手让他独当一面，并不过多干涉刘庆生的经营。对伙计的信任，使这些伙计能留住心，替胡雪岩效力。

由此可见，在企业管理中，这种信任是十分必要的。企业领导毕竟不是超人，不可能面面俱到事事亲为，许多大大小小的事情，就不得不交给部下来完成。有些领导对员工缺乏必要的信任，自己做不来的事也不愿交给部下，对他们不放心，硬是把活儿死揽着，到头来误时又误工，是很不明智的。

"用人勿疑，疑人勿用"是管理学家常用的管理法则。企业领导只有充分信任部下，部下才会因为受到器重和青睐而努力地工作。相反，如果部下知道领导不信任自己，他们就会很敏感地觉察到，对这种度量狭窄的领导失望而轻蔑，自然工作起来便会不认真，敷衍了事，对命令的执行也只是应付差事。这样领导与部下的关系便会处于尴尬的境地，领导的权威因而也会受到影响。

信任部下不能只是嘴巴上说出来就行了，一定要切实地做起来。领导在分配给部下工作时，应同时给部下以相对的权力，否则工作就无法顺利开展。在赋予部下权力时，要说明权力限制，之后就完全放手让部下自己决策，自己完成。假如在授权之后，仍然以不信任的眼光盯着部下，处处管着部下，让他的行动不越离自己的某种限度，这样他就会感到上级的不信任，他们就会失去其进取的积极性而流于一般的应付。这一点，胡雪岩就做得很好，深得人心。在对外部人员的利用上，胡雪岩也是巧借东风的高手。或以情动人，或以理服人，或以利诱人，胡雪岩均能恰到好处地打动对方，从而使对方与自己合作。

湖州府衙门的户房书办郁四，虽只是一个小吏，但因他在地方经营多年，不仅熟悉这里的风土人情，在地方上也有一定影响，而且掌管着征钱征粮的"鱼鳞册"，胡雪岩要代理湖州府库，要在湖州做生丝生意，都要借重他的力量。胡雪岩对他采取以情、利并用的手段，帮他处理家务，和他联合做生意，在湖州收丝销洋庄采取与他利润分成的方式，获得郁四的大力支持。胡雪岩为了帮助王有龄，说服嵇鹤龄进新城县安抚造反的"刁民"，用的也是攻心之术。嵇鹤龄是个穷困潦倒的候补知县，已丧配偶，留下一大群孩子，欠下一大笔债务。他虽有勇有谋但因恃才傲物、性格耿介，不为人所用。王有龄要安抚新城县造反的百姓，必用此人。胡雪岩暗中给嵇鹤龄赎回当铺的衣物、还清债务，还替嵇鹤龄物色了一个丫环做妻，令嵇鹤龄感激不尽，冒死进新城去安抚造反的百姓。胡雪岩替王有龄解决了大难题，也使他与王有龄的关系更进一层，为自己今后的发展找到牢固的靠山。

胡雪岩深知"绿叶"的重要，也是从"绿叶"那里获得支持的好手。

从胡雪岩身上，我们可以悟到，每个人都有能力完成某些重要的事。基于这种观点，每个人都是重要的——顾客是重要的，你的员工也是重要的。

很多商业人士在工作时却往往忘记了这一点，他们认为，生意就是生意，员工不该指望自己被重视。因为这并不是管理人员的工作。

这种想法完全错了！让员工觉得重要正是管理人员的工作——因为使员工觉得重要，才会鼓舞他们有更好的工作表现。

韩非说："下君尽己之能，中君尽人之力，上君尽人之智。"意思是说，只会用自己力量的人，是下等君王；能用别人力量的人，是普通君王；善于激发臣下智慧的人，才算得上高明的君王。韩非子告诉我们，作为一个领导人，不能事必躬亲，而要善用他人，但在用人之际要特别注意的是，不只是用他人的能力，更重要的是用他人的智慧。

【鬼谷子的"诡"点子】

胡雪岩以自己为纲，以手下合用的人才为目，通过这些目把全局抓在自己手里。一个目是一个小局面，小局面做好了，众多做好的小局面汇集在一起，就是一个任其操纵的大局面。

卷十 鬼谷箴言，谋略之道

本卷和上卷是姊妹篇。权是度量权衡的意思；谋是谋略计谋的意思。在上卷中，我们知道了如何度量权衡对手，在这卷中，我们就会明白针对对手我们该如何使用自己的谋略，通过任何可以运用的方法，达到最终的目的。鬼谷子指出了谋术的两个原则，一个是要立足实际，第二个是要藏器于身，行事隐蔽。

审得其情，乃立三仪

【古语阐"道"】

为人凡谋有道，必得其所因，以求其情。审得其情，乃立三仪。三仪者，曰上、曰中、曰下。参以立焉，以生奇。奇不知其所雍，始于古之所从。故郑人之取玉也，载司南之车，为其不惑也。夫度材、量能、揣情者，亦事之司南也。

【今言说"道"】

对于一个人来说，凡是筹划计谋都要遵循一定的法则。一定要弄清缘由，以便研究实情。根据研究，来确定"三仪"。"三仪"就是上、中、下。三者互相渗透，就可谋划出奇计，而奇计是所向无敌的，从古到今都是如此。所以郑国人入山采玉时，都要带上指南针，是为了不迷失方向。忖度才干、估量能力、揣度情理，也类似做事时使用指南针一样。

【案例延伸】

胡雪岩是一个十分善于施展计谋的商界高手，他运用计谋战胜了许多生意上的竞争对手。他曾对此总结到：商战用计，要计计相连，环环相扣，滴水不漏，方能有效。与"隆昌"米行的斗法是胡雪岩施展连环计的一个典型例子。

在"隆昌"米行，谭柏年不是老板，胜似老板，真正的老板名叫石三官，远在苏州乡下，是个纨绔。父亲死后遗下一大笔财产，又继承了年代颇久的一家老米行。石三官喜欢斗鸡走马玩蟋蟀，疏于生意买卖，便把米行一切事务交给舅舅谭柏年，委托他全权处理一切，连账本也不过目，每年只须按时交付赚来的银子，便不过问。谭柏年得了授命，仗着长辈关系，在米行中行使老板权力，对伙计十分苛刻，店里上下没有一个不惧他的。

有一天，谭柏年用过早餐，吩咐备轿，去"福轩"客栈会一位重要的客商。一路上，谭柏年脑中飞快盘算，思考见面时要做的事。今岁苏州乡下风调雨顺，谷米丰收，隆昌米行趁机敞开收购，仓房里屯集了上万石新米，需要寻找买主。谭柏年干米行生意，屈指算来已有30多载，精通业务自不必说，做米生意的个中奥秘亦了如指掌。

尽管在隆昌，大小事情他说了算，但还不是真正的老板，辛辛苦苦赚来的银子必得如数交给石三官，他心里就发痛。外甥待他不薄，年俸可观，外加不少红利，但终究不是自己的米行。谭柏年打起"小九九"，要做老板，得靠自己的手段，账目上做手脚，略施小计，石三官看不出来，这里头揩的油，抵得上两三个档手的年薪。

谭柏年此刻便是寻找这种机会。

一日，山东米商潘家祥抵达上海，谭柏年闻讯前去码头相迎。他俩是老相识，言谈之间，谭柏年得知对方有意要在上海收购大批谷米，运往北方。

凭经验，谭柏年知道潘家祥本钱雄厚，不屑于做零碎买卖。与小本米行锱铢必较，费力费神，且不能满足需要，能看得上眼的大米行，在上海不过三五家。谭柏年把几家米行加以排列，估量实力，隆昌属前三名，可以力争。谭柏年同样喜欢做大买卖，报损率高，回扣可观，一笔生意下来，除了应付石三官，自己还能落下一笔银子。

然而，见到潘家祥之后，潘却说他与胡雪岩已经签订了契约并将契约掏给谭柏年看。谭柏年只瞅了一眼纸上"胡雪岩"三个字，便明白对方说的是实话，敢于把这事告诉他人，证实这桩买卖已铁板钉钉，笃定泰山，不会生变故的。谭柏年霎时充满失望之感，心里暗骂：姓胡的忒狠毒，竟把手伸到上海，虎口夺食！

　　胡雪岩在浙江把持海运局，改漕运为海运，干得相当成功，商界尽人皆知。但没想到他会在上海米行中抢生意，谭柏年事先排定的上海各家米行名单中，偏偏没有想到过胡雪岩。这是因为胡雪岩的海运局主要收购谷米北运，与潘家祥干同样营生，而非售米。这真是半路杀出个程咬金，令谭柏年的如意算盘落了空。按他的筹算，隆昌米行的存米全部出手，他至少可得2万银子的外快，而今却打了水漂儿，怎不叫谭柏年锥心般刺痛。

　　于是谭柏年使尽了伎俩，废尽了口舌，终于使潘家祥毁了约。

　　胡雪岩很快得知潘家祥毁约的消息，他不因为对方愿付一笔罚金而高兴，反而陷入莫名的烦恼之中。

　　潘家祥听了谭柏年的挑唆，只知其一不知其二。胡雪岩此番抛售大米，的的确确想做一次米行生意。生意若要做活，必出奇招，改变套路，抓住机会，才有所获。海运局向来只购不粜，给人印象属官办机构，盈利不多。今年浙江谷米丰收，米价狂跌，胡雪岩知道北方连遭旱灾，粮食紧缺，于是当机立断，一改通常惯例，大量收购新谷，寻找米商脱手，打一次奇袭战，赚一笔银子，再转入常规运作。

　　潘家祥的毁约，令胡雪岩尝到了失败的滋味，倘若再传入圈内人中间，有损他的信用。潘家祥系山东富商，垄断了北方民间粮米市场，在商场中具有举足轻重的影响，而胡雪岩向来以诚为本，视信用为生命，如今不能取信于潘家祥，有何面目见商场同人？

　　于是，胡雪岩打定主意为自己的利益而战。他沉思良久，想出了一套连环计，接着他便着手实施。

　　第一环，寻找谭柏年的弱点。

　　俗话云：苍蝇不叮无缝的蛋。胡雪岩在商场征战半辈子，极善于抓住对手的弱点和疏失，予以痛击，无往不胜，十分灵验。凭他的直觉，谭柏年身为隆昌米行档手，老板不在店内主事，他必然营私舞弊以售其奸。天下谁人不愿当老板？世上哪个不爱金钱？石三官放任谭柏年作主张，岂无肥私劣迹？

胡雪岩搜索枯肠，细细回想与谭柏年曾经做过交易的每一个情节。如果换成其他人，早已把这些陈谷子烂芝麻的事忘得一干二净。但胡雪岩毕竟是胡雪岩，他记忆力惊人，如电火闪烁，忽然记起一个情节：当时同谭柏年讨价还价时，谭柏年并不在意谷米的价码，只是要求按一厘二的回扣，把钱存到"裕和"钱庄户头上。胡雪岩敏感地觉察到这笔钱存得蹊跷，若是替主人赚的钱，必然随大笔米款同存入一个户头。分开来的目的，说明谭柏年私吞这笔回扣银，而石三官毫无察觉。生意场上，档手欺骗东家，"账房吃饱、老板跌倒"，这现象比比皆是，胡雪岩见惯不惊。以此观之，谭柏年单是从售米私吞的回扣，当不是少数。可以推测，此次潘家祥毁约与隆昌成交，谭柏年必然竭尽诋毁诽谤之能事，而为一大笔回扣力争，使他获得成功。

胡雪岩有些兴奋，他自知抓住对方狐狸尾巴，只须用力拖拽出洞，使其真面目大白于天下，则可战而胜之，挽回败局。

第二环，抓住谭柏年的把柄。

胡雪岩以存20万两银子为条件，让资金紧张的"裕和"钱庄的档手谷真豪把"隆昌"米行档手谭柏年在"裕和"的存款数目告之。

谷真豪果然送来明细账，秀丽的小楷，把谭柏年每次存银的数目、日期誊写得一清二楚，明白在目。

胡雪岩大喜过望，立刻按谭柏年每次存银的数目，推算出"隆昌"近年来的生意情况，隆昌米行再无秘密可言，而谭柏年从米行中攫取的不义之财也暴露无遗。

第三环，入股"隆昌"米行。

胡雪岩用计假冒"裕和"之名，将谭柏年在裕和的存银和利息结算账单故意误送至老板石三官处，使隆昌米行的老板石三官知道了谭柏年的所作所为。胡雪岩又找到了石三官，以入股三成、负责米行事务为条件，帮助石三官整顿米行，挽回损失，获得石三官的允许。

第四环，收服谭柏年。

胡雪岩把谭柏年的罪证出示，并说：要么把谭柏年送官处置；要么改跟他安心管理米行为他奉差，而且俸银必翻番。二者任谭柏年选择。在胡雪岩威逼利诱下，谭柏年无路可走，只好打定主意，死心塌地替胡雪岩效力。胡雪岩教他听候待命，不要轻举妄动。原来胡雪岩考虑到潘家祥既然敢毁约，一定对胡雪岩的信用产生了怀疑，贸然劝他信守前约，必遭碰壁。唯有设下圈套，令他钻入，不得解脱，情急之中，才可乖乖就范。

第五环，对付潘家祥。

潘家祥并不知道隆昌米行的变故，他绝对信任谭柏年。签约付订金后，潘家祥急忙返回山东，寻找销售谷米的合作伙伴。其时，北方数省旱灾严重，庄稼连年歉收，饥民成群，已出现"吃大户"、"抢公仓"的情形。捻军、白莲教等团体，乘势号召天下，揭竿而起，攻城略地，对抗官府，局势危如累卵。

朝廷严令各省抚督，开仓赈灾，安抚饥民，以防民变。

潘家祥看到这种情景，心中暗喜。饥民愈多，谷米愈不愁销路，正可屯货居奇、待价而沽，谋求最高的价钱抛售出去。

他正在物色代理商，胡雪岩请的一位官大人翩然来访，此人自称主持直隶粮道，急需购进大批谷米，缓解直隶灾情。潘家祥知道他说的是实情，几天来，前来拜访的粮道官员接踵而至，都企望潘家祥这位粮商提供米源，盖因朝廷公仓空虚，漕运迟迟不至，远水不解近火。潘家祥未相允，原因在于他认为官府出价太低，自己赚得不够。

这位粮道大人焦急不安，出手不凡，愿以每石15两银的价码，购买两万石谷米。潘家祥估算一下，已高出进价近两倍，除去运费打杂开支，这笔生意净赚10多万银子。他暗自高兴，却不形于色，大叹苦经说："江南战乱仍频，谷价腾贵，购之不易，路途迢迢，成本高昂，我已蚀不起老本，不敢多做了。"

粮道大人知道他在讨价还价，索性每石再添2两银子。潘家祥见火候已到，决定成交。签约付订金后，粮道大人意味深长道："救灾如救火，还望潘公信守合约，按此交割，耽误了公事，可不是闹着玩的。"潘家祥拍着胸脯说没问题。

当下潘家祥乘小火轮飞快回到上海，只等谭柏年如期交米，他已雇下快船20多只，整帆待发，万事俱备，只等装船启运。

眼看第二天便是行期，隆昌米行毫无动作，船老大来客栈见潘家祥，询问哪天装船。潘家祥正在吞云吐雾，闻言吓得没了烟瘾，一骨碌从榻上翻下来，心急火燎，打轿到隆昌问罪，谭柏年一迭声致歉，言称米行已换了老板，他做不了主，凡事可问胡雪岩。

潘家祥正要发作，只见胡雪岩背着双手，踱出内屋，便明白了：原来中了胡雪岩的圈套。交粮日期迫近，另找米行已来不及，倘若误了期限、粮道大人是胡雪岩的至交，岂能轻饶了我？潘家祥愈想愈怕，惊出一身冷汗。

到此时，潘家祥只好服输，以每石20两银子向胡雪岩买了两万石米由此一算胡雪岩反败为胜，并且净赚了10万两银子。

【鬼谷子的"诡"点子】

出现问题的时候，我们应该先查清问题出现的原因，然后才能对症下药，进而药到病除。和别人竞争的时候，我们也应该查清别人的底细，这样才能便于我们选择采取什么样的策略来和对手竞争，从而取得最终的胜利。

得人心者，方成大事

【古语阐"道"】

故同情而相亲者，其俱成者也；同欲而相疏者，其偏害者也；同恶而相亲者，其俱害者也；同恶而相疏者，偏害者也。故相益则亲，相损则疏。其数行也，此所以察异同之分也，类一也。故墙坏于其隙，木毁于其节，斯盖其分也。

【今言说"道"】

所以凡是类系疏远的。事后只能有部分人得利；凡是恶习相同而关系疏远的，一定是部分人先受到损害。所以，如果能互相带来利益，就要密切关系，如果相互牵连地造成损害，就要疏远类系。这都是有定数的事情，也是所以要考察异同的原因。凡是这类事情都是一样的道理。所以，墙壁通常因为有裂缝才倒塌，树木通常因为有节疤而折毁，这都是理所当然的。

【案例延伸】

成大事者需要更多的人拥戴，希望事业晋升的人需要更多的人赏识。

在一个寒冷的深夜，纽约的一条不是很繁华的道路上已经几乎没有车辆行驶。这时从街中心的地下管道洞内钻出一位衣着笔挺的人来。路旁的一个行人十分狐疑，他上前想看个究竟，一看却怔住了，他认出这钻出来的人，竟是大名鼎鼎的电话业巨头，密西根贝尔电话公司总经理福拉多！

原来福拉多是因为地下管道内有两名接线工在紧急施工，福拉多特意去表示慰问。

福拉多被称作"十万人的好友"，他与他的同事、下属、顾客，乃至竞争对手都保持着良好的关系，这位富有人情味的企业巨子，事业如日中天。

可以说福拉多的成功，在很大程度上要得益于他的好人缘，他用自己富有人情味的领导，赢得了同仁的赞誉和支持。然而生活中，很多人往往忽略了，你身边的同仁就是不能缺少的靠山。敬人者，人皆敬之；爱人者，人皆爱之。只要以一颗真诚的心去面对你的同仁就能够得到对方同样的回报，为自己增加一个可以同甘苦、谋事业的坚强靠山。古代做大事、成大业的人，也都是以心换心，才得到了无数同仁的支持，并依靠他们的力量，取得了事业的成功。

正所谓"得其民者得其国"，同仁的力量不可小视。帮助了他们，他们就会对你感恩，成为你人生的靠山。

三国时，刘备为了避免与曹操几十万大军交战，便弃樊城，带领百姓向江陵进发，在当阳长坂坡与曹操的追兵展开血战，赵云为救刘备妻儿单枪匹马，突出重围，历尽艰险，终于来到了刘备的面前。

当时刘备正在距离长坂桥二十余里的地方和众人在树下休息，赵云看到刘备便立即下马"伏地而泣"，而"玄德亦泣"。赵云不顾自己的疲惫，气喘吁吁地对刘备说："赵云之罪，万死犹轻！糜夫人身带重伤，不肯上马，投井而死，云只得推土墙掩之。怀抱公子，身突重围。赖主公洪福，幸而脱险。"说着，想起来怀中的公子刚刚还在哭，现在怎么没了动静，便急忙解开来看，原来阿斗正睡着还没有醒。于是赵云欣喜地说："幸得公子无恙！"便双手递给刘备。刘备接过孩子，扔在地上说："为汝这孺子，几损我一员大将！"赵云看到刘备如此，连忙从地上抱起阿斗，泣对刘备说："云虽肝脑涂地，不能报也！"

虽然人们对刘备掷阿斗一事历来颇有争议。无论是刘备故意作态给别人看，以笼络周围将士的心，还是他真的爱将胜于爱子，但阿斗的确是赵云从地上抱起来的，这在一定程度上也表明了刘备当时是轻父子情重君臣心的。

他对赵云的感激怜爱之心溢于言表，赵云也由此更加坚定了为刘备效力的决心。正是刘备对于将士有着感恩之情，他的周围才聚集了赵云、张飞、关羽、诸葛孔明这些才华横溢的杰出人士，成为他振兴大业的有力依靠。

同时，刘备还懂得安抚民心，实施"仁政"。刘备在与川军的斗争中，竖起免死旗，收降川兵，又谕众降兵"愿降者充军，不愿者放回"，实行优待俘虏的政策。这样一来反而使得人心向之，川军不战而溃。当军队进入成都时，百姓"香花灯烛，迎门而接"。正是因为刘备对百姓施行了仁政，才得到了百姓的拥护和将士的爱戴，从而顺利地占领了成都。

刘备最终之所以能在三分天下后拥有自己的一席之地，其中，重要原因就在于他以一颗仁义之心换得了同仁对他的支持与感恩，使他得以依靠同人的力量而成就自己的事业。

不仅在古代社会如此，在我们当今的社会里，"我为人人，人人为我"，"人与人相互支撑"也是社会生活以及同仁间关系的法则。

【鬼谷子的"诡"点子】

美国社会心理学家布罗尼克认为，一个人走向成功，必须通过6道关门。在20多岁至30岁是第二道关口——脱颖而出。这其间，多数人投入可观的时间，动脑筋钻研业务，和别人比高低，希望能得到好声誉。然而，有些人为了使自己凸显出来，便会经常地批评别人，贬低别人，对别人不信任；称赞自己，把功劳归于自己。这样，他们就很难得到别人的合作。甚至不得不与其他人处于对抗之中，也就失去了在群体中的地位。这些人往往得不到别人的信任和好感，难于与他人合作，因此，得不到上司的赏识、同事的接纳和合作，常常失去晋升的机会，这样的人也难于获得成功。

慧眼识人，用人所长

【古语阐"道"】

夫仁人轻货，不可诱以利，可使出费；勇士轻难，不可惧以患，可使据危；智者达于数，明于理，不可欺以不诚，可示以道理，可使立功。是三才也。故愚者易蔽也，不肖者易惧也，贪者易诱也，是因事而裁之。

【今言说"道"】

那些仁人君子必然轻视财货，所以不能用金钱来诱惑他们，反而可以让他们捐出资财；勇敢的壮士自然会轻视危难，所以不能用祸患来恐吓他们，反而可以让他们镇守危地；一个有智慧的人，通达礼教，明于事理，不可假装诚信去欺骗他们，反而可以给他们讲清事理，让他们建功立业。这就是所谓仁人、勇士、智者的"三才"。因此说，愚者的人容易被蒙蔽，一个不肖之徒容易被恐吓，贪图便宜的人容易被引诱，所有这些都要根据具体情况作出判断。

【案例延伸】

李嘉诚忠告：在我心目中，不理你是什么样的肤色，不理你是什么样的国籍，只要你对公司有贡献，忠诚、肯做事、有归属感，即有长期的打算，我就会帮他慢慢地经过一个时期而成为核心分子，这是我公司一向的政策。

古人云："智莫大乎知人。"得人才者兴，失人才者亡，这是企业的生存法则。人的强大不仅仅在于提升自身的智慧，还在于凝练他人的智慧为我所用。善集众人之智慧于一身者，方能成大事、做巨人。人才是事业成功最重要的资本和基础。深受中华传统文化熏陶的李嘉诚深谙此道。

身为怡和贸易代表的英国人马世民，到长实公司推销冷气机。虽然李嘉诚一般不过问此类业务，但马世民却一再坚持要求面见李嘉诚。他的倔强吸引了李嘉诚，这次偶然的接触，彼此间留下了相见恨晚的深刻印象。后来时机成熟，李嘉诚不惜重金收购了马世民创办的Davenham工程顾问公司，延揽了马世民这位不可多得的人才。

古有"千里马常有而伯乐不常有"的感叹，然而，港人却盛赞李嘉诚具有九方皋相马的慧眼。李嘉诚正是因为极为高明地辨识和使用了众多的"千里马"，他指挥的高速前进的商业巨舰，才驰骋商场几十年而无坚不摧、无往不胜。

李嘉诚为邀得袁天凡的加盟，历尽"峰回路转"到"柳暗花明"的曲折历程。袁天凡的才华在香港金融界路人皆知。尽管两人过往甚密，但袁天凡却多次谢绝了李嘉诚邀其加入长实的好意。李嘉诚并不言弃，仍一如既往地支持袁天凡：荣智健联手李嘉诚等香港富豪收购恒昌行，李嘉诚游说袁天凡出任恒昌行行政总裁一职；袁天凡与他人合伙创办天丰投资公司，李嘉诚主动认购了天丰公司9.6%的股份。李嘉诚多年来的真诚相待，终于打动了孤傲不羁而才华出众的袁天凡，他应邀出任盈科亚洲拓展公司副总经理。在袁天凡的鼎力协助下，孕育出了叫响香港的腾飞"神话"。

李嘉诚在商界以坦诚和守信著称。李嘉诚说："以诚待人是我生活上坚守不移的原则。"正是李嘉诚那广为传颂的诚信美德，使得众多出类拔萃之才纷纷因他而来、由他而聚，心悦诚服地为李家商业王国奉献自己的聪明才智。

李嘉诚谋事决策的成功，得益于多位顶尖智囊、高参、谋士的长期忠贞不渝地合作。杜辉廉是一位精通证券业务的专家，被业界称为"李嘉诚的股票经纪"，备受李嘉诚青睐和赏识。李嘉诚多次请其出任董事均被谢绝，他是李嘉诚众多"客卿"中唯一不支干薪的人。但杜辉廉绝不因为未支干薪而拒绝参与长实系股权结构、股市集资、股票投资的决策。我们无法知道杜辉廉这样做是怎样想的，但我们起码可以从这样的现象中，能够感觉到李嘉诚人格魅力在其中产生的巨大力量。为了回报杜辉廉的效力之恩，当杜辉廉与梁伯韬合伙创办百富勤融资公司时，李嘉诚发动连同自己在内的18位商界巨头参股，为其助威。在百富集团成为商界小巨人后，李嘉诚等又主动摊薄所持的股份，好让杜梁二人的持股量达到绝对的"安全"线。李嘉诚的投桃报李，知恩图报，善结人缘，更使得杜辉廉极力回报李嘉诚，甘愿为李嘉诚服务，心悦诚服地充当李嘉诚的"客卿"和"幕僚"。杜辉廉在身兼两家上市公司主席的情况下，仍忠诚不渝地充当李嘉诚的股市高参。

《李嘉诚成功之路》一书这样写道："正因为李嘉诚善于把一批确有真才实学的智囊人物团结在自己的周围"，"'博采天下之所长，为己所用'，从而保证了他每在关键时刻能出奇制胜，化险为夷。"

李嘉诚说："决定大事的时候，我就算100%的清楚，也一样要召集一些人，会合各人的资讯一齐研究。这样，当我得到他们的意见后，看错的机会就微乎其微。"

在人才的使用上，会用人的人总是能从实际需要出发，用最适合事业发展的人才。在李嘉诚庞大的商业王国中，只要是人才，就能够在企业中有用武之地。李嘉诚说："要知人善任，大多数人都会有部分的长处，部分的短处，好像大象食量以斗计，蚂蚁一小勺便足够。各尽所能，各得所需，以量才而用为原则。这就是说，一个公司需要员工共同努力，才能完成发展公司的大业。就如在战场，每个战斗单位都有其作用，而主帅未必对每一种武器的操作比士兵纯熟，但最重要的是首领亦非常清楚每种武器及每个部队所能发挥的作用——统帅只有明白整个局面，才能做出出色的统筹并指挥下属，使他们充分发挥最大的长处以及取得最好的效果。"

李嘉诚通晓唯才是举的用人方略。在集团内部，李嘉诚彻底摒弃家族式管理方式，人们看不到家长制作风的影迹，完全是按照现代企业管理模式进行运作。李嘉诚常说："唯亲是用，必损事业。"有位员工这样评价李嘉诚："对碌碌无为之人，管他三亲六戚，老板一个不要。"

李嘉诚善用年轻人。长实在20世纪80年代得以急速扩展及壮大，股价由最初的6港元上升到90港元，这和李嘉诚不断提拔风华正茂的年轻人有关。有长实系新型三驾马车之称的霍建宁、周年茂、洪小莲，正是长实年轻才俊的杰出代表。霍建宁1985年任长实董事，两年后提升为董事副总经理，是年35岁，如此年轻就任香港最大集团的要职，在香港实属罕见。周年茂1985年任长实董事副总经理时才30岁出头，负责长实系的地产发展，具体策划了多项大型住宅屋村的发展事宜，深孚众望。由秘书成长起来的长实董事洪小莲，全面负责长实公司楼宇销售时不到40岁。正是这些青年才俊的鼎力帮衬，才有李嘉诚演绎出巨额财富的惊天神话。

【鬼谷子的"诡"点子】

一个企业要发展，离不开人才。想要吸引人才，就应该营造出一种温馨的公司环境，让他们在企业中得到一种归属感。这也是本文所说的要找到每个人的长处，找到他们适合的岗位，用人所长，那么他们自然就会心甘情愿留下来。

扎扎实实，一步一步

【古语阐"道"】

故为强者，积于弱也；为直者，积于曲也；有余者，积于不足也；此其道术也。故外亲而内疏者，说内；内亲而外疏者，说外。故因其疑以变之，因其见以然之，因其说以要之，因其势以成之，因其恶以权之，因其患以斥之。摩而恐之，高而动之，微而证之，符而应之，拥而塞之，乱而惑之，是谓计谋。

【今言说"道"】

所以强大是由微弱积累而成，直壮是由弯曲积累而成，有余是由于不足积累而成。这就是因为"道术"得到了实行。所以，对那些外表亲善而内心疏远的要从内心入手进行游说，对那些内心亲善而外表疏远的要从表面入手进行游说。因此要根据对方的疑问所在来改变自己游说的内容，要根据对方的表现来判断游说是否得法，要根据对方的言辞来归纳出游说的要点，要根据情势的变化适时征服对方，要根据对方可能造成的危害来权衡利弊，要根据对方可能造成的祸患来设法防范。揣摩之后加以威胁，抬高之后加以策动，削弱之后加以扶正，符验之后加以响应，拥堵之后加以阻塞，搅乱之后加以迷惑。这就叫作"计谋"。

【案例延伸】

中国传统思想中，"知行合一"是个非常重要的命题。但由于儒学是经世之学，因此更强调"行"也就是实践的意义。《尚书》中说："非知之艰，行之唯艰"，提出了知易行难的观点。孔子说："君子欲讷于言而敏于行"，"君子耻其言而过其行"。"力行"被看成了君子的一个标志。看某人品质如何，要"听其言而观其行"，以实际行动作为评价的主要标准。这种思想对后世产生了深远影响，成为"实学"的重要内容。

扬雄在《法言》中说："学行之，上也；言之，次也"，把行摆在了言的前面。朱熹也说："知之主要，未若行之之实"，"行不及言，可耻之甚"。有人进一步说，"真知即所以为行，不行不足谓之知"，认为知就是为了行。只有付诸实行了，才能说取得了真知，否则就不是真知。

清代学者颜元说得好："读得书来口会说，笔会做，都不济事；须是身上行出，才算学问。"古人所说的闭门造船、纸上谈兵的典故，批评的就是缺乏实际办事经验而自以为是的那种人。

吕坤在《呻吟语》中说："以圣贤之道出口易，以圣人之道躬行难。"嘴上说出来容易，做出来却难上加难。曾国藩很少拿大话吓人，即使说，也实实在在。他要做的，就是要把自己恪守的道德、追求的理想在实际行动中表现出来。有人说曾国藩是圣贤，就因为他用自己的行动实践了圣贤的理想和主张。

曾国藩继承了传统中的重行思想，强调力行，不说空话，"知一句便行一句"。不仅要"常常行之"，还要事事力行，办事"宜就所当所务者次第施行，做一件算一件，行一步算一步"。

曾国藩一生各方面的成就，都体现了力行的功夫。

曾国藩对那种空谈阔论而无实际办事能力的人持鄙夷态度，认为这是读书人的大毛病："读书人之通病，往往志大言大，而实不副也。"后来又批评道："读书人之通病，约有二端：一曰尚文不尚实，一曰责人而不责己。尚文之弊，连篇累牍，言之成理，及躬任其事，则忙乱废弛，毫无条理。"对读书人缺点的分析真是入木三分。

曾国藩所交游的师友，都是朴实而崇尚力行的人，无论是唐鉴、倭仁这样的大家，还是吴廷栋、陈源兖、何桂珍这一班兄弟，以及江忠源、郭嵩焘、罗泽南等同乡好友，都倡导力行，而以大言为耻。

但曾国藩在京城时也遇到过高谈阔论的人。其中有一人刚从外地回京不久，经历稍微丰富，席间便夸夸其谈，旁若无人。曾国藩对他很看不起，从此便未深交。另有一叫庞作人的官员，与此公相似，曾国藩对他同样反感。但当曾国藩官至两江总督，指挥四省军务时，他便跑到江南，希望能凭自己三寸不烂之舌，打动曾国藩，混个一官半职，说不定日后还能飞黄腾达。但曾国藩一见便觉他讨厌，在日记中写道：

"有庞作人者，一无所知，而好讲学，昔在京已厌薄之。本日又来，尤为狼狈恶劣。甚矣，人之不可不务实也。"

最后的结果是这位仁兄只好灰溜溜地走了。

随着经历的复杂，曾国藩更知办事之难，对行动更为重视，对空言更加厌恶。咸丰十一年（1861）三月，他给胡林翼写信说：

侍近恶闻高言深论，但好庸言庸行。虽以作梅之朴实，亦嫌其立论失之高深。其论公之病，侍亦虞其过于幽渺，愿公从庸处浅处着想。

陈作梅即陈蕲，是曾国藩的心腹幕僚，为人非常朴实，曾国藩仍觉他有大言之嫌。曾国藩对空谈的敏感，可见一斑。

李元度以书生领兵，曾国藩对他最不放心，一再叮嘱他禀报军情应当翔实，不要"空说吉祥语"。咸丰十年三月，李元度奉命前往徽州防守，曾国藩与他约法五章：曰戒浮，谓不用文人之好大言者；曰戒过谦，谓次青好为逾恒之谦，启宠纳侮也；曰戒滥，谓银钱、保举宜有限制也；曰戒反复，谓次青好朝令夕改也；曰戒私，谓用人当为官择人，不为人择官也。第一条就告诫李元度不要任用好为大言的文人。后来曾国藩又论及任用绅士之道，其中一条是"禁大言以务实"，是同样的道理。

对于力行而少言的人，曾国藩最看重。张运兰开始只是王鑫手下的一个下级将领，因为他务实，曾国藩一再提拔。1860年，曾国藩命宋梦兰率军与他配合作战，对宋说："张凯章观察精细沉实，先行后言，阁下与之相处，似可将军中琐事一一研究，总以'质实'二字为主，以阁下之熟于乡土，凯章之老于戎行，又皆脚踏实地，躬耐劳苦，必能交相资益，力拯时艰。"

【鬼谷子的"诡"点子】

曾国藩越到晚年，越是厌空言重力行，谆谆告诫子弟，视为处世办事的铁则。一般情况下，年轻人都喜欢高谈阔论，如曾国藩所说，"大凡人之自诩智识，多由阅历太少"。随着阅历增加，认识到事情的复杂性，就逐渐趋向实际，甚至变得谨小慎微。这有不利的方面，但重行的传统仍有其不可忽视的价值，对于年青气盛的人来说，就显得更为重要。

团结周围，消除矛盾

【古语阐"道"】

计谋之用，公不如私，私不如结，结比而无隙者也。正不如奇；奇流而不止者也。故说人主者，必与之言奇；说人臣者，必与之言私。其身内，其言外者，疏；其身外，其言深者，危。

【今言说"道"】

至于计谋的运用，公开不如保密，保密不如结党，结成的党内是没有裂痕的。正规策略不如奇策，奇策实行起来可以无往不胜。所以向人主进行游说时，必须与他谈论奇策。同样道理，向人臣进行游说时，必须与他谈论私情。虽然是自己人，却说有利于外人的话，就要被疏远。如果是外人，却知道内情太多，就要有危险。

【案例延伸】

曾国藩对于个人在集体中的地位和作用，有着明确的认识。他说：细想古往今来，亿万年无有终期，人们生活在这中间，数十年只是须臾瞬息。大地数万里，不能穷极，人在其中休息游玩；白天犹如一间房子，晚上犹如一张卧榻。古人的书籍，近人的著述，浩如烟海，人一生所能读的不过九牛一毛。事情复杂多样，可以获得美名的道路也有千万条，人们一生中力所能及之时，不过如太仓一粟。知道上天悠悠无穷期，自己的生命非常短，那么遇到忧患和非常不顺心之事时，应当稍稍忍耐以待其自消；知道大地的宽广，而自己在大地中占据的位置非常小，那么遇到荣耀名利相争之时，应当退让三分，以柔道处之；知道古今人们的著述非常丰富，而自己的见识非常浅陋，那么就不敢以一己之见而自喜，应当择善而从，并以谦虚的美德而保持它；知道事情复杂多样，而自己所办的事情非常少，那么就不敢以功名自矜，应当思考推举贤才而一起去完成伟大的功业。如果这样，那么自私自满的观念就可渐渐消除了。

曾国藩认为，一个人不论是智慧绝顶者，还是大仁大智者，都是有缺憾的，不可能完美无缺。相反，愚笨至极的人也有可爱之处。本着这样的想法，尤其是他认为自己属于"中材"，或接近于"笨"的一类，因而更注意吸取他人之长，以补一己之短。他的幕府就像一个智囊团，有什么疑难问题，都让他们出高招、献良策。

在同幕僚长期合作共事的过程中，曾国藩经常以各种形式向他们征求意见，在遇有大事决断不下时尤为如此。有时幕僚们也常主动向曾国藩投递条陈，对一些问题提出自己的见解和解决办法，以供其采择。

幕僚们的这些意见，无疑会对曾国藩产生重要影响，这方面的事例可以说是俯拾即是，如他采纳郭嵩焘的意见，设立水师，湘军水师从此名闻天下，也受到清廷的重视，可以说是曾国藩初期成败之关键。咸丰四年（1854）太平军围困长沙，官绅求救，全赖湘军，而羽翼尚未丰满的湘军能否打好这一仗，事关存亡。曾国藩亲自召集各营官多次讨论战守，又在官署设建议箱，请幕僚出谋划策。他最终采纳陈士杰、李元度的建议，遂有湘潭大捷。咸丰十年（1860）秋，是湘军与太平军战事的关键时刻，英法联军进犯北京，咸丰帝出逃前发谕旨令鲍超北援。曾国藩陷入极难境地：北上勤王属君国最大之事，万难推辞，但有虎将之称的鲍超一旦北上，兵力骤减，与太平军难以对峙，自己多年经营将毁于一旦。于是，他令幕僚各抒己见，最后采纳李鸿章"按兵请旨，且无稍动"的策略，渡过一次危机。不久，下安庆，围天京，形成了对太平军作战的优势。而那些闻旨而动的"勤王军"，劳民伤财，却贻笑天下。

其他方面，如曾国藩采纳容闳的意见，设"制器之器"，派留学生出国，使他成为洋务派的领袖等，不胜枚举。可以说，曾国藩是以众人的智慧为己所用的典型人物。他自己深得众人相勘之益，也多次写信让他的弟弟曾国荃如法炮制。他说左宗棠的气概和胆略过于常人，因而希望能与他一起共事，让他来帮助弥补自己的不足之处。他还劝曾国荃"早早提拔"下属，再三叮嘱："办大事者，以多选替手为第一义。满意之选不可得，姑且取其次，以待徐徐教育可也。"其后曾国荃屡遭弹劾，物议也多，曾国藩认为是他手下无好参谋所致。

在谈到用人才时，曾国藩特别强调了要小心谨慎，尽可能人尽其才，才尽其用，量才录用，扬长避短。

与此相反，曾国藩拒绝幕僚的正确建议，而遭失败或物议鼎沸的事例也不少，曾国藩晚年对此也颇为后悔。总体而言，曾国藩能够虚心纳言，鼓励幕僚直言敢谏，这对他事业成功有很大帮助。有人评论说：曾国藩"以儒臣督师，削平大难，蔚成中兴之业，固由公之英文巨武蕴积使然，亦由幕府多才，集众思广众益也"。

比较而言，曾国藩对幕僚的影响显然会更大、更深远一些。多年来，他一直对其幕僚精心培养，视若子弟，除为数不多的几个老朋友和宿儒之外，一般幕僚亦对曾国藩尊之为师，极为崇拜，一言一行无不视为楷模。从道德修养、为人处世到学术观点、文学理论，乃至政治、军事、经济、外交等方面，都不同程度地受到他的影响。尤其经常在他身边的人员，与之朝夕相处，耳濡目染，日积月累，潜移默化，于不知不觉之中，已受其熏陶，增长了见识和才干。正如薛福成说的那样，他们虽专属一行，却能让他们的智慧汇集一点。比如引水，幕府就是水渠；若要说种庄稼，那么幕府就是播种的地方，因而他能获得很多人才。

曾国藩的另一幕僚张文虎在谈及幕僚易于成才的原因时也说，盖"其耳闻目见较亲于人。而所至山川地理之形胜，指挥之难易，军情之离合，寇形之盛衰变幻，与凡大帅所措施，莫不熟察之，而存于心久。及其措之裕如，固不啻取怀而予。故造就人才，莫速于此"。

【鬼谷子的"诡"点子】

历来有远见的智者都认为，为官治政，以善用人才为大学问，因为一个人的能力再大，也终究有限，只有那些善于用人之长以补己之短的人，才能成就大的事业。荀子说："登高而招，臂非加长也，而见者远；顺风而呼，声非加疾也，而闻者彰"，"假舆马者，非利足也，而至千里；假舟楫者，非能水也，而绝江河。君子性非异也，善假于物也"。善借助于物力尚且绝江河而至千里，何况善于借助人力呢？

善解人意，事半功倍

【古语阐"道"】

无以人之所不欲而强之于人，无以人之所不知而教之于人。人之有好也，学而顺之；人之有恶也，避而讳之；故阴道而阳取之。故去之者，从之；从之者，乘之。貌者不美又不恶，故至情托焉。

【今言说"道"】

不要拿别人不想要的东西来强迫人家接受，不要拿别人不了解的事去说教别人。如果对方有某种嗜好，就要仿效以迎合他的兴趣；如果对方厌恶什么，就要加以避讳，以免引起反感。所以，要进行隐密的谋划和公开的夺取。想要除掉的人，就要放纵他，任其胡为，待其留下把柄时就乘机一举除掉他。无论遇到什么事情既不喜形于色也不怒目相待的人是感情至深的人，可以托之以机密大事。

【案例延伸】

以物质奖励的方式来吸引人才，激励其发奋工作是一种有效的途径。如胡雪岩决定让原大源钱庄的一般伙计刘庆生来担当"档手"。一年二百两银子，实在是高薪延聘，连刘庆生都感到这实在是太慷慨了。

但这一慷慨，也着实厉害得很。

首先，它一下子就打动了刘庆生的心。当他气派地将二百两银子的预付薪水拿出来的时候，刘庆生一下子便激动不已，他对胡雪岩说："胡先生，你这样子待人，说实话，我听都没听说过。铜钱银子用得完，大家是一颗心。胡先生你吩咐好了，怎么说怎么好！"这意味着胡雪岩的银钱一下子就买下了刘庆生的一颗忠心。

　　其次，胡雪岩的慷慨也一下子安定了刘庆生的心。正如胡雪岩为刘庆生打算的，有了这一年二百两银子，可以将留在家乡的高堂妻儿接来杭州，上可孝敬于父母，下可尽责于儿女，这样就再无后顾之忧，自然也就能倾尽全力照顾钱庄生意了。而且，手里有了钱，"心思可以定了，脑筋也就活了，想个把主意，自然就高明了"。

　　不用说，就是这一慷慨之举，胡雪岩便得到了一个确实有能力，也确实是忠心耿耿的帮手，阜康钱庄的具体营运，他几乎可以完全放手了。

　　胡雪岩非常注意运用物质利益笼络人心的手段。阜康银号业务发达后，在通都大衢遍设分号，据陈代卿《慎节斋文存》记载，每当胡雪岩雇用号友时，"必询其家食指若干，需用几何，先以一岁度支畀之，俾无内顾忧"。这样，一则使雇员专心致志，二则使他们感恩戴德，干起活来，自然更卖力。胡雪岩进行利益驱动的方式主要有两种：一是红利均沾，一是入股合伙。对于没有资本的伙计，采取根据经营好坏，年底分红的方式。对于有本钱者采取入股合伙的方式。如资本者老张就采取分红方式，在河道上颇有影响的尤五采取入股方式，使大家都有好处可得，并把各自的利害得失与胡雪岩捆在一起，一荣俱荣、一损俱损。这样，为胡雪岩效力也是为自己效力，为自己奔波也是为胡雪岩奔波，当然心合力齐了。

　　胡雪岩对有功者，特设"功劳股"，这是从盈利中抽出的一份特别红利，专门奖给对胡氏事业有贡献的人。功劳股是永久性的，一直可以拿终生。有位叫孙永康的年轻药工就曾获得此项奖励。有一次，胡庆余堂对面一排商店失火，火势迅速蔓延，眼看无情的火焰扑向胡庆余堂门前的两块金字招牌，孙永康毫不犹豫地用一桶冷水将全身淋湿，迅速冲进火场，抢出招牌，头发、眉毛都烧掉了，胡雪岩闻讯，立即当众宣布给孙永康一份"功劳股"。

　　他的做法，既有人情，又有远见。胡雪岩不惜重金地招揽人才。在他看来，以财揽才就如将钱买货，货好价必高，值得重金揽得的人也必是忠心而得力的人，他曾说："眼光要好，人要靠得住，薪水不妨多送，一分钱一分货，用人也是一样。"他说用人和买物一样，"一分钱，一分货"，话是糙点，但理却不糙。同时，胡雪岩也从不以自己生意的赚赔来决定给自己手下人报酬的多寡，无论赚赔，即使自己所剩无几甚至吃"宕账"，该付出的也绝对是一分不少。

更可贵的是胡雪岩在对人的问题上从来不吝惜钱财，显示出他对人的一种真正的尊重。比如胡雪岩的胡庆余堂设有"养俸"、"阴俸"两种规矩。"养俸"，类似我们今天的所谓退休金。胡庆余堂上自"阿大"、档手，下到采买、药工以及站柜台的伙计，只要不是中途辞职或者被辞退，年老体弱无法继续工作之后，仍由胡庆余堂发放原薪，直至去世。而所谓"阴俸"，则是胡庆余堂的雇员去世以后给他们的家属的抚恤金。这当然是针对那些为胡庆余堂的生意发展作出过很大贡献的雇员。胡雪岩规定，这一部分雇员去世以后，他们在世时的薪金，以折扣的方式继续发放给他们的家属，直至这些家属们可以维持与该雇员在世时相同的生活水平为止。"养俸""阴俸"都是如此优厚的待遇，对于那些雇员们的影响，就不问可知了。

胡雪岩的这种不惜重金聘人才的思想，在他的经商过程中收到了卓著的成效，也给后来人以很大的影响。后来的民族资本家的典型代表，享有"中国企业大王"美称的刘鸿生，就是一个以高薪寻高才的典型。

刘鸿生创业之初，看好了火柴行业，办起了一家鸿生火柴公司。

企业办起来了，但是，由于技术、销售、管理等各个环节，没有可靠的人才，往往还会中途夭折。因而，当企业在某一环节急需特殊人才的时候，不失时机地以重金聘用专门人才，也成为刘鸿生的一个妙招。

鸿生火柴厂初期生产的产品，存在着两个缺点：一、火柴药头受潮后要脱落；二、火柴盒子的磷边很容易磨损。因为存在这两个缺点，很难与

"洋火"开展竞争。怎么办？刘鸿生四下访问，终于找到了一个合适的人选：林天骥。林留学美国获得化学博士学位，回国后担任沪江大学教授。他不惜"三顾茅庐"，不惜以一千元月薪的重金，热情邀请林教授兼任火柴厂工程师。而当时，学徒的薪金每月只有二三元，普通工人只有十来元，他本人的月薪也不足一千元。一个普通工程师兼职得到一千元月薪，在那时华商企业中是绝无仅有的。这也足以体现刘鸿生的人才观。当然，拿了相当于2万多斤大米月薪的林教授，没有辜负刘鸿生的厚望，用半年时间，解决了上述两个问题。不但使鸿生火柴在国内立住了脚，还能远销到东南亚。

20世纪20年代后期，刘鸿生买进了倒闭的"中国第一毛纺厂"，改名为裕华毛绒纺织品公司（后又改名为章华毛绒纺织品公司）。第一毛纺厂自开工之后，由于管理者不得法，一路亏损，撤换了经理，仍旧亏损。一连换了四任经理，还是不能挽回惨局。他看到症结所在，于是，在报上登广告，许以20万元天文数字的酬金，招聘能扭亏为盈的高才。这么高价格招聘人才，在当时是开先河的，社会各界为之轰动。有个叫程彭年的企业家揭了榜。程彭年走马上任，大胆改革，苦研技术，猛拓销路。一二年之后，企业终于走出泥潭，出现盈利。刘鸿生没有悔约，爽然给他20万酬金。

这样的重金招聘，使刘鸿生爱才识才的名声传播在外，招来了无数的优秀人才，助企业渡过了一个又一个难关，使刘鸿生得到了"中国企业大王"的美誉。

我们常说有钱要花在刀刃上，在生意场上，得力的人才当然是刀上之刃，为延揽人才，所花的重金也是值得的。

【鬼谷子的"诡"点子】

做生意要人才、要帮手，但怎样才能招揽到优秀的人才呢？最基本的一条就是给予物质奖励。胡雪岩深谙其中之妙，他招揽人才的一个很重要的手段就是以财买才，以财揽才。他这种"以欲从人"的关心员工的物质利益的做法，充分调动了员工的积极性，从而使他们为胡氏商业王国死而后已。

火眼金睛，慧眼识人

【古语阐"道"】

可知者，可用也；不可知者，谋者所不用也。故曰：是贵制人，而不贵制于人。制人者，握权也。见制于人者，制命也。故圣人之道阴，愚人之道阳；智者事易，而不智者事难。以此观之，亡不可以为存，而危不可以为安；然而无为而贵智矣。智用于众人之所不能知，而能用于众人之所不能见。

【今言说"道"】

对于了解透彻的人，可以重用；对那些还没了解透彻的人，重要的是掌握人，绝对不要被人家控制。控制人的人是掌握大权的统治者；被人家控制的人，是唯命是从的被统治者。所以圣人运用谋略的原则是隐而不露，而愚人运用谋略的原则是大肆张扬。有智慧的人成事容易，没有智慧的人成事困难。由此看来，一旦国家灭亡了就很难复兴；一旦国家骚乱了，就很难安定。所以无为和智慧是最重要的。智慧是用在众人所不知道的地方，用在众人所看不见的地方。

【案例延伸】

李嘉诚忠告：企业要不断注入新人才的血液，才能保持旺盛活力。

如果要不断地发展事业，就需要一批博学多才的青年才俊作为新鲜血液注入到企业中来。这样不但可以弥补"老臣"们胆识、胸襟和见识上的不足，更可以推动事业不断前进，适应社会的不断变化。

"元老重臣"经验丰富，老成持重，但却往往拙于开拓，缺乏闯劲。

李嘉诚深谙此理。因此，他虽然一直看重那些初期的创业伙伴，但并不一味依赖"元老重臣"。

有鉴于此，在事业上小有成就之后，李嘉诚便决定起用新人。

在长实管理层的后起之秀中，最引人注目的要数霍建宁。他之所以引人注目并非因为他经常抛头露面。实际上，他主要从事幕后工作。此人擅长理财，负责长实集团的财务策划，他处事较为低调，认为自己不是个冲锋陷阵的干将，而是个专业管理人士。

霍建宁毕业于香港名校香港大学，随后赴美深造。1979年学成回港，被李嘉诚招至旗下，出任长实会计主任。他持有英联邦澳洲的特许会计师资格证（凭此证可以去任何英联邦国家与地区做专业会计师）。

李嘉诚很赏识他的才学，1985年委任他为长实董事，两年后又提升他为董事副总经理。此时，霍建宁才35岁，如此年轻就担任香港最大集团的要职，实属罕见。

霍建宁不仅是长实系四家公司的董事，还是与长实有密切关系的公司如熊谷组（长江地产的重要建筑承包商）、广生行（李嘉诚亲自扶植的商行）、爱美高（长实持有其股份）的董事。

传媒称霍建宁是一个"浑身充满赚钱细胞的人"。长实集团的重大投资安排、股票发行、银行贷款、债券兑换等，都是由霍建宁亲自去办或参与决策的。这些项目，动辄涉及数十亿资金，亏与盈都取决于最终决策。从李嘉诚对他如此器重和信任来看，可知盈大亏小。

霍建宁本人的收入也非常可观。当时他的年薪和董事袍金，再算上非经常性收入如优惠股票等已达1000万以上。到了1999年其年收入更是高达2.7亿，连续多年蝉联香港"打工皇帝"称号。

1993年霍建宁坐正和黄"大班"之位。他在任期内的一个代表作，是令多年亏损的赫斯基石油"转亏为盈"。1999年年末他促成了多宗大交易，将和黄发展成名牌电讯商；2000年和黄被国外的杂志选为全港最佳管理公司，霍建宁立下了汗马功劳。另外，和黄以高价"卖橙"（把和黄手中的欧洲移动电话业务Orange出售给全球最大的移动电话运营商沃达丰）后，一次盈利高达1173亿港元，论功行赏之下，身为集团总经理的霍建宁一人获得1.646亿港元红利，占全部红利的50%。

年薪2.7亿港元是一个什么样的概念呢？它相当于平均月薪2283万港元，即使以每天上班12小时计算，霍建宁每工作一分钟，银行户头即可进账1040港元，每日薪酬达75万港元。

这个数字甚至比一些蓝筹公司的全年盈利还高。

人们常说霍建宁的点子"物有所值"，他是香港"食脑族"（靠智慧吃饭）中的大富翁。

另外，霍建宁还为李嘉诚充当"太傅"的角色，肩负着培育李泽楷、李泽钜的重要职责。

由此看来，李嘉诚十分重视对专业管理人才的任用，将之视为事业拓展的基石。不但能够不拘一格委以大任，而且给予其相应的收益，以增强其归属感。

在长江公司高级管理层中，还有一位名叫周年茂的青年才俊。

周年茂是长实的元老周千和的儿子。周年茂还在学生时代时，李嘉诚就把他当作长实未来的专业人才培养，并把他和其父周千和一道送往英国专修法律。

当周年茂学成回港后，很自然地就进了长实集团，并被李嘉诚指定为长实公司的代言人。仅仅两年后，周年茂就被升为长实董事，1985年后又与其父亲周千和一道擢升为董事副总经理。当时，周年茂才30岁。

有人说周年茂一帆风顺，飞黄腾达，是得其父的荫庇——李嘉诚是个很念旧的主人，为感谢老功臣之劳，故而"爱屋及乌"。

这话虽有一定的道理，但并不尽然。李嘉诚的确念旧，却不能说周年茂的"高升"是因为李嘉诚对他的关照。其实，最主要的一点，仍然是他自身具备的相应实力，有足够的能力担任重任。

据长实的职员说："讲那样的话的人，实在是不了解我们的老细（板），对碌碌无为之人，管他三亲六戚，老细一个都不要。年茂年纪虽轻，可是叻仔（有本事的青年）呀。"

周年茂走马上任，任副总经理，是顶替移居加拿大的盛颂声的缺位，负责长实系的地产发展。

压在周年茂肩上的担子比盛颂声在职的时候还要大，肩负的责任还要多。周年茂上任后，积极开展工作，接连落实了茶果岭丽港城、蓝田汇景花园、鸭利洲海怡半岛、天水围的嘉湖花园等大型住宅屋村的发展规划，顺利完成李嘉诚的迂回包抄计划，以自己的能力赢得了李嘉诚的信任。于是，李嘉诚将更大的重任托付于他。

他不负众望，凭着出色的工作业绩得到了公司上下的一致好评。

以往长实参与政府官地的拍卖，都是由李嘉诚一手包揽，全权掌握。而现在，同行和记者经常看到的长实代表，却是周年茂那张文质彬彬的年轻面孔。只有资金庞大的项目才会由李嘉诚亲自出面进行。

周年茂虽然看起来像一位文弱书生，却颇有大将风范，指挥若定，调度有方，临危不乱，该进该弃，能较好地把握分寸，做到了收放自如。这让李嘉诚非常放心。

现在长实的地产发展有了周年茂，财务策划又有了霍建宁，楼宇销售方面则有一名女将洪小莲。"三驾马车"把长实带向了更高更远处。

从对周年茂的重用上，可以看出李嘉诚的确很念旧，以及爱屋及乌。不过，更重要的一点是，他看重的是能力而不是背景，以重贤任能为原则。

李嘉诚任用俊才，把自己从事无巨细一把抓的初级阶段给释放了出来，得以将主要精力放到了事关全局的重大决策上。

新人才有新思想，高干劲，一个企业要不停地注入新鲜的血液，才能永远充满活力。

【鬼谷子的"诡"点子】

　　"造物之前先造人才。"重用新人就是一个"造就人才"的过程。对他们委以重任，让他们参加到事业中来，不仅是给新人一个机会，也是给自己一个机会——新人会以其特有的思想，向上的朝气，为你的事业带来新的气象。不可否认，重用新人的前提是你能够发现新人才并冒着可能失败的风险对其委以重任——这就需要你培养猎人般的眼光和过人的胆识了。

机遇难觅，要有眼光

【古语阐"道"】

既用，见可否，择事而为之，所以自为也。见不可，择事而为之，所以为人也。故先王之道阴。言有之曰：天地之化，在高在深；圣人之制道，在隐于匿。非独忠信仁义也，中正而已矣。道理达于此之义，则可于语。由能得此，则可以杀远近之诱。

【今言说"道"】

在施展智谋和才干之后，如果证明是可行的，就要选择相应的时机来实行，这是为自己。如果发现是不可行的，也要选择相应的时机来实行，这是为别人。所以古代的先王所推行的大道是属于"阴"的，古语说"天地的造化在于高与深，圣人的治道在于隐匿，并不是单纯讲求仁慈、义理、忠庆、信守，不过是在维护不偏不倚的正道而已"。如果能彻底认清这种道理的真义，就可以与人交谈，假如双方谈得很投机，就可以发展长远的和目前的关系。

【案例延伸】

胡雪岩说："一个人如果要有所成就，一半靠本事，一半靠机遇。在我这方面说，挣钱靠眼光、靠手腕、靠精神力气。"

胡雪岩做生意靠的是眼光、手腕、精神力气，这话确实不假。靠眼光，能够发现发财的机遇；靠手腕，就是能够牢牢抓住机遇；靠精神力气，就是舍得投入心力，把那一个一个被自己发现的或遇到的机会，经营成一个一个实实在在的财源。做生意要有机会，更要靠本事。

比如生丝生意，胡雪岩生活的时代正是西方资本主义工业生产，特别是纺织工业大发展的时期，丝绸纺织正需要原料，洋人也需要从中国大量进口蚕丝，因而无论是做内贸，还是做"洋庄"，都能赚大钱。胡雪岩要做生丝生意，表面上看，是偶然的机会在起作用。但归根到底是胡雪岩具有独到的眼光和手腕。王有龄出任湖州知府，胡雪岩送他到湖州上任。三吴之地，水网四通八达，由杭州到湖州，自然船行水路比陆路车马方便，因此，这一行，胡雪岩又雇请了阿珠家的客船。胡雪岩在阿珠家的客船上与阿珠娘一夕交谈，也促成了他涉足生丝生意的决心。

江浙一带是著名的生丝产地，清政府在苏、杭专门设置"织造衙门"，杭州下城一带，更是机坊林立。苏杭一带的女子，十一二岁便学会养蚕缫丝，养蚕人家一年的吃喝用度，乃至婚丧嫁娶的大事开销，都大体得自每年三四月间一个"蚕忙"季节的辛苦。缫丝织绸自然也有大讲究。丝分三种，上等茧子缫成细丝，上、中等的茧子缫成肥丝，剩下的则仅成等外的粗丝。织绸则一定要以肥丝为纬，细丝为经，粗丝是不能上织机的。王有龄任职的湖州就是江浙一代有名的蚕丝产地，产出的细丝号称"天下第一"，湖州南浔七里地所产"七里（缉里）丝"，据称可与黄金等价，连洋人也十分看好。

胡雪岩在此之前其实已经动了做生丝生意的念头，他本来就是杭州人，自然不会不知道湖州生丝的好处，也不会不知道生丝生意有钱好赚，只是此前他既没有资本和条件来涉足这一行生意，同时，也确实是不太懂这门生意。这次送王有龄赴任至湖州，而湖州正是阿珠家乡，阿珠娘虽已随阿珠爹经营一条客船十几年，但自小耳濡目染，也颇懂得一些关于养蚕、缫丝甚至茧、丝生意的事情。

胡雪岩在旅行途中与阿珠娘船上一夕交谈，大开了眼界。他细致了解到一些有关养蚕缫丝的常识，比如土法缫丝是怎么回事，比如丝分三种等；也知道了专做生丝生意的茧行、丝行的一些门道，比如带了现银到产地去买丝的叫"丝客人"，在产地开丝行收购新丝从中取利的叫

"丝主人";比如丝行之中买当地用的小户叫"用户",专做中间转手批发生意的叫"划庄",这一行中还有专和洋鬼子做丝生意的"广行"、"洋庄"。

此外,他还知道了做丝生意其实也没什么了不起的诀窍,不过就是一要懂得丝的好坏,二要了解丝的实情。虽然丝价每年有起落,但收新丝总是便宜而有赚头的。而且,丝价的行情,其实多半是做出来的,往往掌握在几个大户手里,取决于大户的操纵。比如主要做蚕茧生意的茧行,同行有"茧业公所",新茧上市,哪一天开称收茧,哪一天封称停收,以至蚕茧价格,都是同行公议,不得私自变更。蚕农出卖蚕茧,无论在哪里都是一个价,而且就是这个价,愿意就愿意,不愿意拉倒。而事实上在这一方面,胡雪岩相信自己无疑是个行家。了解这些情况之后,胡雪岩立马就和阿珠娘商量,自己出资请阿珠父亲出面做"丝主人",在湖州开一家丝行,自己做"丝客人",并要求他们此次一回湖州就着手一切事宜。他这样安排,一是因为王有龄已经被派湖州知府,自己要避嫌;二来也是他准备将来就以代理的湖州公库的资金买丝,然后在杭州脱手解"藩库",这样等于是无本生意。

【鬼谷子的"诡"点子】

机遇实际上对所有的人都是均等的。说到底,任何一个机遇都在于人有本事去把握住,否则,这机会对于人来说也就不成其为机会。胡雪岩能牢牢把握住一个又一个的机遇,花样百出也是鲜招百出,这就是他的本事。胡雪岩说过,对于会动脑筋的人来说,遍地都是财源。